TAR🕱T &T.

TEQUILA

靈魂調酒
問塔羅

大衛·A·
羅斯 著

卡羅琳娜·馬汀內斯 繪

靈魂調酒問塔羅

出　　　　版／楓樹林出版事業有限公司
地　　　　址／新北市板橋區信義路163巷3號10樓
郵 政 劃 撥／19907596　楓書坊文化出版社
網　　　　址／www.maplebook.com.tw
電　　　　話／02-2957-6096
傳　　　　真／02-2957-6435
作　　　者／大衛‧A‧羅斯
繪　　　者／卡羅琳娜‧馬汀內斯
譯　　　者／黃春華
企 劃 編 輯／陳依萱
校　　　　對／周季瑩
港 澳 經 銷／泛華發行代理有限公司
定　　　價／580元
初 版 日 期／2023年5月

國家圖書館出版品預行編目資料

靈魂調酒問塔羅 / 大衛‧A‧羅斯作；黃春華
譯. -- 初版. -- 新北市：楓樹林出版事業有限
公司, 2023.05　面；公分

譯自：Tarot & tequila :
　　　a tarot guide with cocktails.
ISBN 978-626-7218-61-7（平裝）

1. 占卜 2.調酒

292.96　　　　　　　　　　112004058

僅以此書

獻給我身邊每一位帶來光的夥伴。

請繼續為我們帶來生命的亮光！

目錄

9
序幕

14
生意傢私

17
大阿爾克那

109
小阿爾克那

111
權杖牌組

147
聖杯牌組

183
寶劍牌組

221
錢幣牌組

259
致謝

序幕

我要舉一杯龍舌蘭，向我的成長之地致敬！

敬「澤西海岸」*！

我出身紐澤西州米德爾敦鎮，一個家人關係緊密但宗教信仰多元的家庭。二戰期間，我的外婆在古巴遇見我外公，隨後在十七歲那年來到美國。外婆在天主教家庭長大，嫁給我外公之後跟著丈夫改信猶太教，但不知為什麼，他們的兩個孩子卻沒有任何宗教信仰，當然我也繼承了我父母的衣鉢。在沒有特定宗教信仰的家庭中長大，我因此有時間可慢慢尋找自己的信仰。

進入羅德島的羅傑威廉斯大學後，我主修傳播學，也修習了好幾門新聞相關課程。我立志成為搖滾樂記者。就在那段交遊廣闊的日子，我愛上了占星學。大學畢業後不久，因為占星的緣故我開始接觸塔羅牌，我相信占星和塔羅在靈性面和功能面是緊密相關的。我是那種會用「你的星座是什麼？」這句話來把妹，而且真心對那個答案感到興致勃勃的人。

2001年，我跟老婆艾莉森結婚，大概也在同一時期，我進入藥廠工作。艾莉森出身基督長老教會家庭，雖然我們的孩子都受洗成為長老會信徒，我卻展開了一段屬於自己的靈魂旅程，走上了一條更私密的個人生命道路。

作為藥廠的醫療業務人員，我很快就發現，我工作上接觸的人對於我會解塔羅牌這件事都相當感興趣。無論對方是什麼身分，他們當中有人是醫生、護士、行政祕書以及護理師，但幾乎每個人都想找我做塔羅占卜。當他們要求我幫忙解牌時，我發現，我跟他們突然變得很親近。實在太不可思議，人們開始對我敞開心房，我們的對話出現深刻的情感碰撞，這件事對我的意義完全超出我所預期。

我得坦白說，我本人不會通靈，也看不到什麼無形的東西。我認為自己只是一個同理心比較強的人，這種性格特質讓我能夠跟來找我解牌的人建立一種緊密而且有意義的關係。對我來說，塔羅牌是一項相當好用的工具，

---

*譯注：雙關語。Jersey Shore 原本是一個在美國 MTV 頻道播放的真人實境秀影集，台灣譯為《玩咖日記》，節目內容敘述八位男女在某個夏天到紐澤西海岸打工、跑趴、玩樂的故事，因挑戰各種禁忌話題，在美國引起風潮。作者可能是藉此劇名隱喻在紐澤西成長過程經歷的豐富精采生活。

可以幫助人們解決生活中的各種難題。無論是透過解牌，還是自己用塔羅牌來冥想，都可以藉由塔羅牌的象徵符號和解釋學習到許多功課。就我個人而言，塔羅牌幫助了我在日常生活中找到方向。一直到現在，我還是習慣每天早晨抽一張牌，然後一整天都把這張牌帶在身上。有時放在汽車儀表板上，有時擺在我辦公室的書架，這樣我就可以針對那張牌給出的訊息來冥想，進一步去體會這張牌要告訴我的事情。

就這樣，做了二十五年的塔羅解牌人，我終於決定讓它成為我的人生事業，以此闖蕩江湖。「塔羅與龍舌蘭」就此誕生。你可能會好奇，為什麼突然跑出一個龍舌蘭？答案其實很單純。龍舌蘭和塔羅都是我的最愛，在我眼中，它們簡直就是絕配。

「塔羅與龍舌蘭」是一門塔羅占卜業務，我不僅在酒吧和餐廳幫人解牌，也接受私人公司的活動邀約。但我對塔羅和龍舌蘭的看法，卻不僅僅只是塔羅牌和龍舌蘭。事實上它是一種風潮、一種運動，相當正向積極而且能帶給人們力量。藉由這本書的問世，我很高興有機會貢獻出我獨特的塔羅解牌方法，並奉上我另一項熱愛，希望這個跨界嘗試，能夠為有時上下顛倒的迷亂世界帶來一點喜悅和光。

遇見塔羅

首先，請容我細數我個人踏上塔羅奧祕旅程的經過。我實在很想跟你說，那是我從小的天命召喚，但如果坦白說的話，其實只是因為一時的購買衝動。如果我的故事可以打從我出娘胎就開了天眼，或是前額帶有某種神祕巫術胎記開始，那該有多棒呀？其實啊，我是家中七個兒子當中最小的么子，而且是一生飄泊的吉普賽算命師？啊，也不是欸，太可惜啦，我沒辦法這樣介紹我自己。我接觸塔羅的契機實在太過平凡無奇。

讓我們乘坐時光機回到1995。你想得起來那年你在做什麼、你的人生要往哪裡去嗎？那一年我剛大學畢業，受邀參加朋友在聖塔菲舉行的婚禮。那地方我從沒去過，真心覺得應該會是一趟新奇有趣的冒險。

我在新墨西哥州的那幾天確實處處感到新鮮。新墨西哥州在各方面都跟我的故鄉紐澤西非常不一樣，我花了一點時間才稍稍適應。光海拔高度就是一記震撼，如果沒先做好心理準備的話。一個二十三歲的年輕人，爬完一

段階梯之後整個人氣喘吁吁，實在太讓人氣餒，而我的第一反應居然是：我一定需要多運動啦！

我住的飯店座落在四周環山的壯麗景色中。聖塔菲廣場熱鬧非凡。一群嬉皮在草地上玩沙包球（Hacky Sack），美洲原住民席坐在自己手工編織的毯子上，兜售他們產地的銀飾和綠松石首飾。我感覺自己彷彿走進時光隧道，跟以前只在圖片上見過的地方有一種怪異的連結。那時我還是個二十出頭的小伙子，心思不是很成熟，習慣往那些賣小孩子東西的店家跑。我走進一家玩具店，東看西看，想找個能代表聖塔菲的土產紀念品。店面不是很大，沒多久就逛完了，正準備離開，經過收銀台時突然瞄到一樣東西。我看到一個裝滿小紙牌的玻璃碗。我停下來，把手伸進碗裡，抓出一張牌。實在太好玩了！這是全世界最迷你的塔羅牌，整副牌共有78張，每一張都畫著不同圖案。不知為什麼，我就是覺得該把這副牌帶回家。

如果你試著回顧自己的人生，想想看有多少自己熱愛的嗜好和工作，一開始總是興致高昂，到最後卻無疾而終？我的應該可以用天文數字來計算了。我曾經做過一段時間的廣告業務；也曾經想要成為一名語言治療師而接受過美國手語課程培訓。還有之前提過，剛從大學畢業那時，我的志業是當一名搖滾樂記者。

我壓根沒想過，一副小小的塔羅牌會成為我此生熱愛之志業的起點。二十多年過去

幫別人做占卜時，切記以下幾項要點：

1. 如果你是塔羅新手，請從簡單的三張牌牌陣開始：解牌從左到右，分別代表你的過去、現在和未來。

2. 我個人是使用十張牌的凱爾特十字牌陣，你可以在網路上找到這個牌陣的多種解讀版本。

3. 注意占卜牌陣中重複出現的主題。聖杯牌是不是比其他牌組多？那很有可能這次占卜的主題跟愛情有關。

4. 如果你不確定某張牌代表什麼意思，請善用澄清牌（clarifying cards），也就是再抽出另一張牌來幫忙解答第一張牌的含義。澄清牌可能會讓原來那張牌變成好牌，也可能讓它變成壞牌，當然，也可能讓你陷入長考。

了，我擁有的塔羅書籍已經堆滿好幾座書架。終於我也來到這個階段，不再購買任何新的塔羅書。其實這些書的內容很多都很類似——同樣都有傳統萊德偉特塔羅牌圖案，然後附上每一張牌的正、逆位牌義解釋。有些頂多還加了幾個牌陣和實際解牌範例。後來我才明白，其實我買的是同一本書，只是一些小地方略有差異罷了。

在我與塔羅的個人關係發展到今天這個地步之前，我承認，有時我對塔羅也多少有點畏懼。很多人會把塔羅跟某些祕術聯想在一起，而且對塔羅牌的看法相當負面。一剛開始，我甚至心裡帶著疑惑：「我是在練什麼暗黑法術嗎？」有好幾次還因為占卜實在太準，嚇到我把手上的牌丟到一邊不敢再碰。所幸，那樣的日子已經過去了，現在我對塔羅的看法，正如我之前所說，是非常正向積極而且能夠帶給人們力量的工具！

而這兩項動機，正是《靈魂調酒問塔羅》（Tarot & Tequila）的核心！它是一抹陽光，暖暖照在你臉上，它是一隻溫柔的手，輕輕拍著你的背⋯⋯讓你在最低潮、最黑暗的時刻依然懷抱希望、感到心安。它的訊息是強大的奧援，讓你知道你有能力做任何自己想做的事情。它讓我們慶幸，原來眾人皆是平等，無論我們原來背景多麼不同。塔羅解牌師會以一種嶄新的方式來認識塔羅，跟塔羅牌連結。在這本書上，你不會看到過去你所熟悉的傳統牌義解釋，你會看到的是塔羅牌如何跟我們日常生活大小事緊密相連。

這就是為什麼需要龍舌蘭酒這個角色。塔羅與龍舌蘭的搭配，能夠激起人們心中的巨大喜悅！經營「塔羅與龍舌蘭」這門生意初期，我在一些城市酒吧和餐館舉辦活動，希望將塔羅牌介紹給不同的受眾族群。我與龍舌蘭酒的行銷人員配合，共同研發以龍舌蘭為基底的各式調酒，然後用塔羅牌的標題來幫這些酒款命名。首次活動就取得盛大成功！我一口氣連續解了三個小時的牌，中間幾乎沒有休息。調酒與塔羅進行得非常順利，我們的名氣也因此打響。但是到目前為止，我認為塔羅與龍舌蘭之夜最棒的部分還是在於，我和來找我解牌的人建立了深厚感情。很多人都在尋找人生答案、希望得到心安慰藉，我很高興能夠為那些陷入生命黑暗困境的人帶來一絲光明。

「塔羅和龍舌蘭」剛好結合了我很想做的兩件事，一來我希望自己能夠在其他人的成長旅途中略盡一點心力，二來希望能夠為有需要的人帶來單純的快樂。我對塔羅牌的詮釋，能幫助你將這些圖案精美的紙牌與日常生活情境

搭上線。你會在不知不覺當中自然學到如何解讀塔羅牌。從現在開始,你不需要再死記硬背什麼塔羅牌義了!讓這些美麗的糖骷髏紙牌對你說話,無論它們是透過什麼方式跟你交談。讓它們用自己獨特的聲音跟你自己的獨特直覺相互交織,為你傳達最精準的訊息。(不管你是使用哪一套塔羅牌,這本書都可以跟它們完美搭配,但如果書上的糖骷髏圖案觸動了你,你也可另外選購《糖骷髏塔羅牌》。)

書中還有一個部分叫作「神祕魔法配對」(Mystical Pairing),我會在這個段落為你深入介紹一張牌跟它的配對調酒之間的對應關聯,同時也提供一些實用的魔法小儀式,讓你可以將這張牌的能量實際應用在日常生活情境中。調酒也可以是一種儀式,或者說,這件事本身已經是一個儀式;再加上我的神祕配對解析,我們等於加入了其他材料配方和正向肯定語的力量,讓調酒變成一種真正的魔法。

在此,讓我們一起舉杯敬「塔羅與龍舌蘭」吧!

我是稍有年紀之後才愛上糖骷髏。父親搬到亞利桑那州後,我和妻小每隔一段時間就會去探望他。我一直被那地方的氛圍深深吸引。除了壯麗的大自然景觀,到過塞多納和斯科茨代爾舊城鎮等這些地方後,我開始迷上美麗的糖骷髏。傳統上,糖骷髏是墨西哥亡靈節時用來裝飾祭壇的供品之一,通常是用粒狀白砂糖做成。

序幕

13

生意傢私

無論你是調酒師還是魔法師，你都需要適當工具來幫你精準調製出你要的雞尾酒／魔法藥水。不管你是站在吧台後面還是煉藥大釜前面，或許都會需要這張工具清單。

調酒過濾網／隔冰匙（COCKTAIL STRAINER）：你必須細心呵護你的祭壇。如果你用一堆黏黏的玻璃杯和蠟燭來展開你的飲酒儀式，你的姐妹會怎麼想？除非蒼蠅也是這個儀式的一部分，否則你絕對不會希望牠在你面前飛來飛去。

搗棒（MUDDLER）：當然，你的研缽和研杵也可直接派上用場。如果你原本就有一根很順手的木製搗棒，那我不會要求你再多買一根不銹鋼的。記得使用前把它洗乾淨就好！

量酒器［吉格杯］／雙頭盎司杯（JIGGER/DOUBLE JIGGER）：要調製出這些具有神奇魔力的混合靈丹，需要精確測量。就算不小心只少放 5 盎司，都可能會讓宇宙出現微小裂縫。明明是要調製可口的神祕藥水，最後卻整鍋泡湯，你應該不希望這種事發生，對吧？

柑橘榨汁器（CITRUS JUICER）：殺雞不需要用到牛刀；動動手指就可做到的事情，不需要用到高級電動榨汁機。一個簡單的手動榨汁器就夠了。

吧匙／攪拌匙（BARSPOON/MIXING SPOON）：有多款魔法藥水都需要精準計算攪拌次數。我知道你有一根神奇魔杖而且還是防水的，但我絕對不會要你這時候把它拿出來用。一根簡單的長勺就很夠了。

砧板和水果刀（CUTTING BOARDS AND DAGGERS）：有好幾款飲料都要用到削皮切塊切片的水果，比如檸檬、萊姆以及其他柑橘類。你也可以把你的獻祭匕首秀出來，但是一把小水果刀就很好用了喔！

搖酒器［雪克杯］（SHAKER）：一杯調酒如果沒用到攪拌匙，那可能就是搖出來的。還記得我們前面講過每一種材料都需要正確分量嗎？如果你沒有精確測量就開始搖，不要說我沒先警告你喔！搖啊……搖啊……砰！（炸飛～）

攪拌杯［調酒杯］（MIXING CHALICE）：任何舊玻璃杯都可以，沒問題。不過，要保證這個杯子夠大，可以容得下所有難搞的材料。你絕不會希望看到有東西從裡面爬出來！

量杯（MEASURING CUPS）：主要是熬煮糖漿時會用到。你也可以這個量杯來代替前面講到的盎司杯量酒器，但如果真的這樣做，會發生什麼神奇的事情就不好說了。你可能會喝到爛醉如泥不醒人事！

柑橘刨刀（CITRUS ZESTER）：將所有材料澈底利用，這件事非常非常重要。加一點果皮可以帶出這杯調酒的芬芳香氣。果皮油碰觸你嘴唇的瞬間，彷彿具有魔法一般，會大大提升你對這杯酒的整體經驗感受。

平底鍋／煉藥大釜（SAUCEPAN/ CAULDRON）：如果是自己熬煮糖漿，那就需要這種可以讓糖水很快煮沸起泡的小平底鍋。大多數時候，糖漿的原料就只有水、砂糖，頂多加上你要添加的其他成分而已。別管那些在旁邊飛來飛去的小精靈了，拜託，好好盯著你的鍋子，別忘了你的蠑螈需要兩顆眼球*。

---

*譯注：「蠑螈的兩顆眼球」（your newts need both eyes），典故來自莎士比亞劇作《馬克白》當中那位巫婆的煉藥大釜鍋，裡面放的材料就有「蠑螈的眼球和青蛙的腳趾」。

玻璃罐（MASON JARS）：我知道你的巢穴已經塞滿瓶瓶罐罐。不然你要把所有的「香料」*擺在哪裡？當然不會藏在碗櫃或抽屜裡呀！

---

*譯注：這裡的 spices 指所有能提升調酒風味的各式材料。

白砂糖（SUGAR）：好啦我知道你已經很會甜言蜜語了。就算是這樣，你還是需要很多很多這些白色顆粒來幫你做出好喝的調酒。讓大家見識一下你的嘴有多甜吧！

水果、香料、葉子、鮮花以及其他美味材料（FRUITS, FLAVORS, LEAVES, FLOWERS, AND ALL OTHER TASTY THINGS）：玫瑰花瓣、薄荷葉、胡椒薄荷、蓮花茶、蜂蜜、蛇皮、羊毛、蜘蛛網。後面三項是開玩笑的。你知道我的意思啦！

蠟燭（CANDLES）：因為每一個優秀的「吧台保母」（"bartender"）*都需要蠟燭，對吧？

---

*譯注：原文是加了上下引號的 "bartender"，在這裡是雙關語，一方面指調酒人，同時意指蠟燭能為吧台增添溫馨柔和的效果。

水晶（CRYSTALS）：不是我愛批評，但是你家窗台和桌子上擺的那一堆閃閃發光的漂亮石頭，你真的全都認識嗎？呃，是那個讓家裡後院變得熠熠生輝好多人稱讚，但是另一半卻說你根本患了囤積症把整個房子快要塞滿的那個東東？對！就那堆東西。我知道你有，快拿出來好好利用吧！

充飽電的水晶（CHARGED CRYSTALS）：把你的水晶（藍銅礦、虎眼石、玉石、月光石，還有你打算拿來使用的任何一種晶石）放在月光或陽光下充電。你可

以在睡前把石頭放置在戶外，然後隔天中午之前收進來，這樣大概就能充電十到十二個小時。不然也可以用海鹽加水浸泡數小時到數天，或是燃燒鼠尾草束，用煙燻的方式將水晶燻個三十秒。

密友（A FAMILIAR）：無論是忠心耿耿的狗狗還是機警敏銳的貓頭鷹，每個人都需要有一個自己的親密拍檔來作伴。

附註：如果你完全按照酒譜來調雞尾酒，最後可能會剩下一些沒用完的糖漿，剛好可以調製冰茶或淋在冰淇淋上，很好用喔！

大阿爾克那

THE MAJOR ARCANA

✕✕✕

大阿爾克那牌是哪一款瑪格麗特？

簡單說，抽到大阿爾克那牌（Major Arcana）一定要奉上驚嘆號！如果你現在要做一杯調酒，大阿爾克那牌就是龍舌蘭、伏特加、琴酒和波本威士忌。在傳統解牌上，「大阿爾克那」（以下簡稱大牌）講的就是「愚人」追求開悟啟蒙的過程。愚人牌在二十二張大牌裡面的編號是0，之後依序從1到21，這二十二張牌就是愚人的啟蒙之旅，同時也對應我們人生旅程中的重大事件，比如出生、死亡、人生轉捩點、里程碑、重大經歷，還有在成長和學習過程中我們所重視和害怕面對的一些課題。抽到大牌，絕不可掉以輕心，尤其如果整個牌陣中出現好幾張大牌，一定要特別注意。比如，一個牌陣有十張牌，大牌就占了超過三張，那就是宇宙很認真要告訴你一些事情——你一定要仔細聽！

The FOOL

0   愚人

基本牌義

誰不喜歡凡事有嶄新的開端？「愚人」其實並不蠢。他們正走在一條全新的冒險道路上，而且這是他們靈魂邁向開悟啟蒙的必經過程。如果你很清楚意識到，自己現在做的事情是你真正想做的，而且時機也來得剛剛好，這就是愚人牌的能量。你身邊的親朋好友可能會認為你是走在危險的懸崖上，未來不可知且多舛，但你自己心裡知道這是正確決定。有時你必須跳出現實既定的框框，擁抱你內心那個愛冒險的小孩。

逆位 基本牌義

雖然愚人牌講的是成為一個自由的靈魂，而且要聽從自己的直覺，因為你知道這樣做是對的，不過，如果出現愚人牌逆位，那麼你在做決定之前，最好還是先跟朋友商量一下。很可能你把事情想得太單純，甚至作法有點笨。你可能正在做出衝動或輕率的決定。其實你心裡並不會完全相信別人告訴你的每一件事情，你只是天真和隨性，不代表你也會輕易上當受騙。

龍舌蘭酒義

你就給我上車，發動引擎把車開出去就對啦！誰告訴你什麼事都需要計畫？你最愛的樂團正在你家附近的某個酒吧開唱，說真的，你根本不在乎有誰會去，或是最後該怎麼回家。你只知道，不論有沒有朋友陪你，你都會度過一個美好夜晚。認識新朋友或是跟志同道合的人聊天，對你來說一點都不成問題。你擁有天真樂觀的個性，眾人都會被你的正向情緒感染；別擔心，你會好好的。

逆位 龍舌蘭酒義

給我聽好，我知道你想讓自己開心盡興，不過，夜幕才剛開張你就刷一整排 shot，聰明人不會這樣哦！不要以為自己尻掉這一輪 shot 之後還有辦法好好開車回家。拜託，打電話給小黃或找代駕，不要隨便決定什麼大事情。沒人想跟一個蠢蛋打交道，尤其是一個已經喝瞎的笨蛋，還做出衝動魯莽的決定。

神祕魔法配對

你會對新點子感到興奮嗎?如果有機會重新改造某項傳統、重塑某項經典,你覺得如何呢?我是覺得超刺激的啦!一想到那個淵遠流長的傳統即將出現新面貌,你不會期待嗎?那種感覺就像被一句從未聽過的天音打醒,亦像以嶄新、純真的眼光看待你相戀多年的老情人。

我說的正是傳統內格羅尼(Negroni)。它原本就是一款相當好喝的調酒;不過,愚人無法忍受傳統守舊。他喜歡嘗鮮。以咖啡浸漬龍舌蘭酒(espresso-infused tequila)和芳塞卡紅寶石波特酒(Fonseca Ruby Port)來取代琴酒和甜香艾酒(sweet vermouth),儼然就成了一款全新調酒,調製過程卻同樣經典。

當你即將展開新的冒險,同時感受到愚人牌的能量在你四周游動,不妨幫自己調製這杯酒,然後對自己說:「我張開雙手擁抱嶄新的事物!」

「我就是一切的開端,現在我已經醒來!」

杯型 　　　　　　　　大古典杯(雙份威士忌杯)

愚人酒譜

1 1/2 oz. 咖啡浸漬長陳年龍舌蘭
（Espresso-Infused Añejo Tequila）

1 1/2 oz. 肯巴利苦酒
（Campari ／金巴利）

1 1/2 oz. 芳塞卡紅寶石波特酒
（Fonseca Ruby Port）

1 片檸檬皮
（zest of 1 lemon）

◆

所有材料等量倒進裝了冰塊的調酒杯，以直調法輕輕攪
拌。用隔冰匙濾掉冰塊，將酒液倒進盛有大冰塊（冰磚）
的雙份大古典杯。最後加一片檸檬皮做裝飾。

1 魔術師

基本牌義

魔術師牌提醒我們，我們是真的有神奇法力喔！我們有時候會忘記，自己身上已擁有一切必備之物，可以完全展現我們真正的潛能。力量、技術以及掌控權，早就在我們自己身上。我們就只要去引導這股能量，讓它發生就可以了。你已經萬事俱備，該好好向眾人展露你的全部潛力了。讓人們見識一下真正的你吧，不要再遲疑！

龍舌蘭酒義

你有沒有在哪個派對或酒吧裡見過這樣的人？他們看起來就是那麼悠遊自在、游刃有餘。滿懷自信與人搭訕，自自然然開始聊天，一點都不扭捏做作。偶爾還會請吧台另一端的美麗靈魂喝上一杯酒。舉手投足完全自在流暢、毫不拖泥帶水。他們按自己的節奏出入每一個交際與工作場合，完完全全掌握局面。

逆位 基本牌義

你為什麼不好好利用你顯然已經擁有的能力？每個人都看得很清楚啊，你的才華根本沒有好好發揮，全都浪費掉了。逆位魔術師牌告訴我們，重新找回你心中的那位繆思女神吧！努力尋找靈感，把阻礙你創造力的石頭搬開，把你的能耐秀出來，你不是只會空口說白話，你是真的有能力做一番大事。

逆位 龍舌蘭酒義

所以，你今晚是被朋友硬拖出來的，其實你沒什麼心情玩樂是吧？或許正是在這樣的時刻，你才更需要讓自己好好放鬆 chill 一下。聊天喇賽和做決定的任務就交給你的狐群狗黨吧，因為在這樣的夜晚，你似乎對什麼事都興趣缺缺，對什麼都不關心也不在乎。但你內心深處知道，你跟魔術師一樣，有能力對這個房間裡所有的美女施展你的魅惑之術，只是基於某種原因，你今晚沒辦法好好露一手。

神祕魔法配對

真正的魔術師，必然是創意和自信兼具之人，但最重要的是，他們有辦法讓一些看起來毫不起眼的東西變得力大無窮，讓一樣東西變身成完全不同的另一樣東西。要成為稱職的魔術師或調酒師，同樣都需要才華天分與純熟技能。

無論是在松樹林還是在墨西哥的龍舌蘭釀酒廠裡，無論你是站在廚房裡面還是個人神聖空間，你都可以像使用法力強大的咒語一樣，用這個酒譜變出魔術。將龍舌蘭酒、檸檬汁和糖漿混合搖盪，直到它們變身成一個新的獨特生命。將混合的酒液倒進玻璃杯，然後倒入卡本內蘇維濃紅酒（Cabernet Sauvignon），讓它漂浮在最上層，看起來像一件英雄斗篷。最後一個步驟也很重要喔，魔術師的酒怎麼可以少了火這個元素？果皮油的魔術就靠火焰了，火花會讓它活力四射。

大膽喝下這杯酒，做好心理準備，你要變身囉！

杯型　　古典杯

魔術師酒譜

2 oz. 長陳年龍舌蘭
（Añejo Tequila）

1 oz. 檸檬汁
（lemon juice）

$1/2$ oz. 楓糖漿
（maple syrup）

1 oz. 卡本內蘇維濃紅酒
（Cabernet Sauvignon）

柳橙皮，裝飾用 [也可用火炙燒過]
（orange peel）

✦

將龍舌蘭酒、檸檬汁和楓糖漿倒進雪克杯，搖盪均勻，
先在古典杯裡放一顆冰塊，再將混合後的酒液濾入杯
中。然後倒入卡本內蘇維濃紅酒，讓它漂浮在最上層，
最後噴附柳橙皮油。

小提示：噴附柳橙皮油

用削皮器或鋒利的水果刀把柳橙皮削下來。要細心處理，盡量
不要留太多白皮部分。點一根火柴，對著柳橙皮炙燒個二秒
鐘。水分從果皮上蒸發後，用手捧壓柳橙皮，皮油就會噴附在
酒液上。

大阿爾克那

※

✳✳✳✳✳✳✳✳✳✳✳✳✳✳✳✳✳✳✳✳✳✳✳✳✳✳✳✳✳✳

基本牌義

女祭司會向我們透露所有的私密之事。她希望我們每一個人都能去看自己的內心，如果我們好好聆聽自己的直覺，就能發現內在深層的寧靜和智慧。讓紛亂的頭腦安靜下來，我們就能有所領悟，看見內在最真實的自己。真相可以讓我們得到平靜，讓我們心靈有所成長。

逆位 基本牌義

當這位深沉而神祕的女人上下顛倒過來，她就是在問你，你為什麼不相信自己的直覺？你是不是變得太過依賴別人而沒辦法自己做決定？你是不是不相信你可以跟靈魂的世界連結？你是不是覺得你沒辦法或是不願意讓自己看到世間宇宙的真正實相？還是，你對那不可知的一切感到害怕？

龍舌蘭酒義

咦，為什麼？到底為什麼我們會喜歡固定去某些地方？為什麼某家酒吧或某位調酒師會讓我們感覺那麼舒服自在，總是有個道理在吧！這個問題嘛，就跟你想弄清楚自己最喜歡哪一款調酒一樣。沒辦法用言語解釋，但你當下馬上就知道，這是你會喜歡的地方。你有沒有過這樣的經驗？點一杯純飲龍舌蘭，坐下來思考你的高我（higher self）？細細品嚐和思考，冥想和幻想，全都來自那強大的味覺。我可沒有說喝酒會讓你得到更高層次的智慧和領悟喔，不過，你又怎麼知道不會……。

逆位 龍舌蘭酒義

不要讓你的朋友硬把你拖去你不喜歡的地方，也不要因為他們要你點什麼酒你就完全聽他們的，更更更重要的是，不要讓他們幫你決定你今晚要喝多少。如果你對那個來跟你搭訕的朋友沒什麼感覺，那就老實說出來。如果你今晚比較想要一個人好好待在家想事情，不想出門跳舞，那就一個人好好沉思！今晚，你心裡面的那隻花蝴蝶可能需要一個人去探險；那就好好享受這段時光吧！

神祕魔法配對

新月薄薄、月光黯淡，一座長椅安靜立於苔蘚斑塊上，與你的魔法花園比鄰相接。今晚似乎難有睡意，於是你為自己調製一杯酒，打著赤腳、集中心神來到你的祕密基地。就差那麼一小步，你就能突破界限，品嚐到它的滋味。你的夢太過逼真，以致稱之為「夢」對它們一點都不公平。這些不可知的預言異象正在催促你覺醒。

你需要給自己一個功課，來一次短暫的出軌。你輕輕取下一些芹菜葉，小心翼翼將它們撕成條狀，投入由龍舌蘭酒、檸檬汁、百里香和蘇打水混合調製的神祕藥水裡面。你舉起這香氣十足的玻璃杯，湊近鼻子嗅聞，儼然瞥見你雙眼之內的東西。腦中記憶霎時泉湧而來，你開始一一解碼破譯，一一揭開隱藏的真相。隨著內在嚮導的指引，你又啜了一口酒，把另一小片拼圖放進這張大圖裡。

杯型　　　可林杯

女祭司酒譜

1 oz. 銀龍舌蘭
（Silver Tequila）

1 oz. 檸檬汁
（lemon juice）

$^1/_2$ oz. 百里香龍舌蘭糖漿
（thyme agave syrup，自製配方如下）

3 oz. 蘇打水
（club soda）

1 枝百里香和 1 片芹菜葉切碎或撕碎，裝飾用
（thyme sprig and celery leaf）

✦

雪克杯內放入冰塊。將所有材料（蘇打水除外）倒進雪克杯，大力搖盪。濾掉冰塊，將混合的酒液倒入可林杯，然後加蘇打水。最後用百里香枝和芹菜葉做裝飾。

百里香龍舌蘭糖漿

將 1 盎司龍舌蘭、1 盎司水和 2 枝百里香放入平底鍋。開中火，邊煮邊攪拌，煮到變成糖漿。放涼靜置一夜，冷藏在冰箱可保存約兩個禮拜。

The EMPRESS

4 女皇

基本牌義

女皇教導我們要與美、愛以及一切華麗舒適之物建立聯繫。現在就為自己創造一點美好事情吧！好好愛自己，好好感受你內在的女性能量。這張牌也代表了你與母親的關係，以及你如何看待自己身為一位母親，或是一位能夠關懷照顧別人的角色這件事情。或許是你的母性本能和內在母性導師角色正受到召喚？也或許是你期待自己能夠照顧更多人⋯⋯

逆位 基本牌義

這張代表美好的牌上下顛倒過來，表示你可能有一點太過感情用事了。與其想要照顧別人，不如好好照顧自己。你現在變得有點失去平衡了，無法順應自然，也跟環境格格不入。因為這種外在的不和諧，讓你感覺有點焦慮。這張逆位牌也可能代表在懷孕生小孩方面不太順利。你可能太執著於有形的物質，或許很快你就會發現，幸福不是因為你得到更多有形的東西，而是來自你自己的內心。

龍舌蘭酒義

我覺得你可能需要讓自己放個假了。去度假村的 spa 做一下全身按摩或臉部保養，澈底放鬆一下心情，舒舒服服裹著浴袍，躺坐在壁爐前，深深吸進大自然的氣味，然後嚐一口龍舌蘭酒。跟你的母親或女兒一起做這件事，一起享受親密時光，感覺會更好唷！在放鬆的環境裡更能輕鬆聊天，不會有任何勉強的感覺。

逆位 龍舌蘭酒義

不要讓你親手創作出來的東西反客為主，以致你開始對它變得過度依賴。要小心，不要把你的繆思女神逼到狹窄的小巷，最後導致你整個情緒失衡，內心痛苦不堪。我們為藝術受苦！我們也為創作而喝酒歡喜慶祝！別讓這個歡喜之心變成依賴、輕忽、對藝術失去信仰。千萬別讓自己走到那一步。

神祕魔法配對

想要感受一下美好和被愛的感覺，不妨試試這款女皇專屬調酒，大口喝下，淋漓酣暢。把自己當女神來服事有何不可呢？充滿儀式感的設計，豐富的感官體驗，這款調酒非常適合跟朋友或是愛人一起動手調製。無論是你重視的人、你愛的人，還是一直在你身邊關心照顧你的人，都值得你跟他們分享這杯酒！

帶有極濃郁的水果味道和香氣——好像在嫌葡萄酒本身不夠美味似的，於是又幫它加進了花蜜和萊姆，最後用一點羅勒葉來提味。如果你不小心失控多喝了幾杯，絕對會讓旁人見識到什麼叫做強悍大膽的女人！

杯型　　　　　　紅酒杯

女皇酒譜

1/2 oz. 短陳年龍舌蘭
（Reposado Tequila）

1 oz. 芒果汁
（mango nectar）

1/2 oz. 鮮榨萊姆汁
（fresh lime juice）

4 oz. 氣泡酒
（sparkling wine）

新鮮羅勒葉
（fresh basil leaf）

✦

在雪克杯裡放入冰塊，然後倒入龍舌蘭酒、芒果汁和鮮榨萊姆汁。均勻搖盪後，濾掉冰塊，倒入傳統紅酒杯。最上層倒入氣泡酒。最後用拍打過的羅勒葉做裝飾（只要將新鮮羅勒葉片放在手上拍打，就能激出它的香氣哦）。

大阿爾克那

✳

4　　　　　　　　　　　　　　皇帝

****

基本牌義

皇帝牌提醒我們，可以妥善運用一點控制力和條理結構來保障自己的安全、讓自己安心，避免混亂狀況發生。你腦海中是否經常出現你父親的聲音？他時時刻刻在提醒你，做決策時要運用一點智慧。實際行動很重要，而且事情要考慮周到。別忘記，做事情要一絲不苟、注意細節，然後記得準時繳稅。你父親就是像這樣在支持著你、看顧著你，皇帝牌也是哦！

龍舌蘭酒義

有時候，我們就是喜歡隨便看一下酒譜，材料也不怎麼精準測量，大概差不多就好，但你身邊總是會有這樣一個朋友，他絕不會讓這種事情發生。他們總是一絲不苟按照酒譜來走，非常有系統地遵循書上寫的順序投放材料，而且還會根據每一個人的情況，精準測量適合每一個人的份量。他們會體貼入微地幫你做計畫、讓你今晚能夠盡興，最後還會安排清醒的人開車，保證每一個人都能安全到家。在聚會場上，皇帝可能不是那個最風趣的傢伙，但卻是不可或缺的角色。想像一下，在那個場合，如果沒有一個人在照顧大家的需要，或是遇到有人打架時能出來幫我們擋架，那會是什麼情況？

逆位 基本牌義

你的父親固然會保護你、適時對你提供指引，但如果他的建議根本不是建議，而是濫用父親的角色職權，那結果會如何？因為太過剛愎自用，讓他的領導力變成一種霸道獨裁。他沒辦法真正引導你做出正確決定，反而是在支配你，做出他想讓你做的選擇。

逆位 龍舌蘭酒義

你是不是有認識一種人，他們無時不刻都想要控制別人、指揮別人？當你想要開心逛街閒晃，沒人會需要身邊有一個死頭腦、不知變通的朋友在那邊管東管西啊，而且坦白說，已經管到有點不正常了好嗎！任何事情都要看時機看場合。但現在是下班時間耶，忙了一整天，就不能讓人好好放鬆一下嗎？

神祕魔法配對

真正的皇帝，是能夠擁抱自身內在男性能量的人。當你需要發揮領導力、成熟度和紀律等這些陽剛特質時，何不用一個儀式來開啟它，使它鞏固、令其成真？

確實備齊每一樣材料，不要用別的東西代替！遵循結構和規則就是這個儀式的一部分。所有材料都不可缺，從洛神花的莓果酸味到哈瓦那的大膽嗆辣，少一樣都不行。如果你需要提升你的自信，就該幫自己調製這杯威力十足的酒！明明身為領導者，感覺卻不太像樣？交給這杯神奇藥水，它可以幫你解決這個問題。

在自己家中的小酒吧，輕鬆自在地展開這個儀式，小聲對自己說一些提升自信心的話。一邊用雪克杯搖盪第一部分的材料，同時繼續對自己說這些正向肯定的話語。當這杯調酒開始進入混合階段，請把聲量跟著提高。然後喝下第一口酒，感受那個神奇的控制力進入你的身體裡面，你已變成你想成為的那個人！

杯型　　　　　　　　　大古典杯

皇帝酒譜

1 $1/2$ oz. 短陳年龍舌蘭
（Reposado Tequila）

$1/2$ oz. 梅斯卡爾
（Mezcal）

3 oz. 柳橙汁
（orange juice）

1 oz. 洛神哈瓦那糖漿
（Hibiscus Habanero Syrup，自製配方如下）

$1/2$ oz. 151 蘭姆酒
（151 Rum）

乾燥柳橙果乾，裝飾用
（dehydrated orange）

✦

將龍舌蘭、梅斯卡爾、柳橙汁放入雪克杯搖盪。將洛神哈瓦那糖漿倒進盛有冰塊的大古典杯底部。將雪克杯裡的酒液緩緩濾入杯中，不要跟第一層糖漿混在一起。然後倒入蘭姆酒，讓它浮在最上層。最後用柳橙果乾做裝飾。

洛神哈瓦那糖漿

將1杯精製細砂糖、1杯水和2粒哈瓦那辣椒（habanero）放入小平底鍋。開火煮滾之後，放入1袋洛神花茶包（hibiscus tea bag），浸泡約五分鐘。慢慢攪拌到砂糖全部溶解。靜置一小時後，把哈瓦那辣椒撈出來丟掉。放涼靜置一個晚上，冷藏在冰箱約可保存兩個禮拜。

大阿爾克那

❋

37

The **HIEROPHANT**

5 教皇

基本牌義

這張牌要告訴你的訊息，是關於我們生活中那些默默運作的體制或傳統。為什麼你會想要拋棄一個穩固牢靠、已獲得眾人驗證、大家習以為常的傳統？你是否曾經想過要加入一個大型組織或教會，因為它能提供你安全感和保障？當你內心困惑不知所措時，有一位神職人員或精神導師在你身邊給你依靠，這是很棒的事情。它能帶給你平靜，因為你知道有一個至高無上的神聖力量在支持你，而我們內心需要存著這樣的信仰，相信它知道什麼是正確道路。

龍舌蘭酒義

你最愛的酒吧裡面，那款你最喜歡的調酒愈來愈受人歡迎，你應該會感到安慰吧，因為你知道很多人和你喜歡一樣的口味。你變得愈來愈忙碌、成就愈來愈大，你應該也會感到心滿意足吧，因為你知道你的權勢地位愈來愈高。作為一家酒吧的常客，你的老兵身分可能已經讓你晉升到值得眾人信賴的顧問或大師地位。

逆位 基本牌義

沒有人說你一定得遵守傳統宗教的僵化教條或大眾認定的硬性規定。逆位教皇牌告訴你，你大可違反眾人的信仰和社會規範，沒問題唷！或許是當前的體制已逐漸過時，或是被人濫用；或許是你有能力看穿他人的偽善和濫用權力，所以現在決定走自己的路？停滯和限制對你來說都是髒話。

逆位 龍舌蘭酒義

距離婚禮還有三個禮拜，看來場面會搞得很大。因為實在太過緊張，你和你的未婚夫開了一瓶龍舌蘭，希望能緩和一下情緒，同時預祝這場盛大的婚禮順利進行，突然間，兩個人都停下動作，緊緊閉上眼睛，然後同時開口：「去他媽的！我們私奔吧！」為什麼要迎合所有人的期待？你們是被迫要辦這場貴死人的婚禮，根本沒人來問過你們真正想要什麼！是賭城啊，寶貝！賭城*（尖叫～～）

譯注：「Vegas, baby, Vegas」是電影《求愛俗辣》（Swingers, 1996）當中的經典台詞。劇中主角 Trent 為了幫助他的好友 Mick 走出失戀陰影，勸他一同前往賭城（Las Vegas）狂歡。

神祕魔法配對

向傳統致敬！為傳統乾一杯！無論是在聖誕大餐前敬酒，還是在隆冬除夕之夜伴著燭光舉杯，這張酒譜都會像刺青墨水一般，為你的生命留下深刻印記。

把你的好朋友好姐妹全部召集過來。這是一個充滿愛與光的時刻。在你舉杯敬酒之前，請大家手牽著手圍成一圈，彼此互相許願、獻上祝福，然後開始體驗這款神奇魔藥！聞聞接骨木和鼠尾草的香氣；嚐嚐櫻桃的甜蜜滋味，讓它們帶你回到童年，那時，傳統就如同家人，讓你感到安心與被愛。

杯型 大古典杯

教皇酒譜

2 到 3 顆去核櫻桃，搗碎，另外 1 顆留做裝飾
（pitted cherries, muddled, plus 1 for garnish）

2 oz. 亨利爵士琴酒
（Hendrick's Gin）

1/2 oz. 聖杰曼接骨木花利口酒
（St. Germain）

1 oz. 檸檬汁
（lemon juice）

1/2 oz. 鼠尾草糖漿
（sage simple syrup，自製配方如下）

1 枝新鮮鼠尾草，裝飾用
（fresh sage sprig）

✦

將搗碎的櫻桃放入雪克杯，加入其餘材料和冰塊，用力搖盪，然後濾入盛有冰塊的大古典杯。最後用一顆去核櫻桃和一枝新鮮鼠尾草做裝飾。

鼠尾草糖漿

將1杯糖、1杯水和10片鼠尾草葉（有無帶莖都可以）放入小平底鍋內。開火煮滾，邊煮邊攪拌，直到糖完全溶解。放涼靜置一夜，冷藏於冰箱可保存約兩個禮拜。

6 戀人

基本牌義

如果你正在尋找愛情，那麼這會是你想看到的一張牌。這張牌不僅代表你可以找到一份良緣，更代表你們倆人的相處是對等的，而且能夠共同做出正確的重要決定。它也可以代表一段堅定的友誼。戀人牌提醒我們，必須讓自己做好準備，來面對人生中無可避免的變化，因為在這段關係裡面，你勢必要放棄一部分自我，你得把一部分的自己交給對方。請做好準備：這是更高層次的愛！

逆位 基本牌義

戀人牌逆位，代表在感情上做出了糟糕的選擇，但也不限於只有愛情這件事。占卜牌陣中出現戀人逆位，有時候也可能代表離婚或分居。或是，你對自己不夠有自信，你因為不夠愛自己，以致在面對感情這件事時做出了錯誤的選擇和決定。當你看到逆位的戀人，不妨仔細想想，你們兩人之間是不是存在著「病態依賴」和「操縱」？你跟你現在的伴侶兩人之間存在著太多差異，以致關係很難再走下去。

龍舌蘭酒義

你朝思暮想的女人正在你最愛的酒吧喝酒，你怎麼可能還待在家裡？你知道有一天你會鼓起勇氣，讓你們的關係更上一層樓，開口邀她約會。你希望只有你能請她喝酒，你希望那詭祕的笑容只屬於你一人。怎麼確定你們會走到這一步？這張戀人牌告訴你，要相信你的心；如果你們注定有緣，那就一定會在一起。

逆位 龍舌蘭酒義

我們來談談「糟糕的選擇」這件事。你是否交過這樣的朋友或情人？他們總是把你拉進他們的戲碼和錯誤決定裡面。每次他們在酒吧跟別人勾搭上，就把你一個人丟在酒吧不管、讓你孤單一個人回家。有一種情人，他們每次一喝多，就一定會找你吵架。還有另一種人，不僅自己喝得醉醺醺，還經常亂做決定，威脅要跟你分手。或許時間到了，你大可勇敢轉身離開，或是找一個沒有這麼多麻煩問題的人交往。

神祕魔法配對

誰不喜歡戀愛的感覺？無論你是想讓兩人感情更好，還是想要更愛自己一點，這個儀式都非常適合。

首先，請在自己和對方的手腕上都繫上一條紅線，作為這段感情關係的象徵。然後找一個兩人都有空的時間，一起來調製這杯酒。一開始先互相表達心意。這張酒譜本身就是一種包含勞動與愛意的儀式。兩人攜手一起調出這杯酒，一定會大大促進你們的感情！在品嚐這杯飽含浪漫愛意的美酒時，一起回想一下，你們第一次見面是什麼時候，以及後來為什麼兩人決定要交往。

如果現在是孤身一個人，要怎麼喝這款調酒？請將兩個酒杯並排擺在一起，杯子裡各放一根吸管，然後兩杯一起喝，一杯代表更愛自己，一杯期待新的愛情到來。

杯型　　　　古典杯

戀人酒譜
#1 號戀人

1 oz. 海軍強度蘭姆酒（Navy-Strength Rum）

1 oz. 黑蘭姆酒（black Rum）

2 oz. 柳橙汁（orange juice）

1 oz. 椰子奶油（coconut cream）

3/4 oz. 萊姆汁（lime juice）

1 oz. 肉桂皮糖漿
（cinnamon bark syrup，自製配方如下）

1 大匙活性碳（activated charcoal）

2 片草莓切片，裝飾用（strawberry slice）

✦

將所有材料和冰塊一起放入電動攪拌機中攪拌。裝杯之後用草莓切片做裝飾。

肉桂皮糖漿

將1根肉桂棒搗碎，倒進裝有1杯水和1杯白砂糖的小平底鍋。慢慢煮到差不多沸騰起泡，關成小火，繼續煮四分鐘。放涼靜置一夜，冷藏在冰箱可保存約兩個禮拜。

大阿爾克那

✳

戀人酒譜
#2號戀人

1 oz. 巴貝多蘭姆酒（Barbados rum）

1 oz. 淡蘭姆酒（Light Rum）

2 oz. 柳橙汁（orange juice）

1 oz. 草莓果泥（strawberry puree）

$3/4$ oz. 萊姆汁（lime juice）

1 oz. 原味糖漿
（simple syrup，自製配方如下）

2 片草莓薄片，裝飾用（strawberry slice）

✦

將全部材料放入電動攪拌機，加入冰塊一起攪打均勻。
裝杯之後用草莓切片做裝飾。

原味糖漿

在平底鍋中放入1杯水和1杯白砂糖，攪拌煮沸，到砂糖全部
溶解。放涼靜置一夜，冷藏在冰箱可保存約兩個禮拜。

大阿爾克那

※

7

戰車

基本牌義

占卜中出現戰車牌，是一個非常好的兆示。無論是工作、出差旅行、做決策還是感情關係各方面，這張牌都代表勝利、成功、行動力和信心！你已經具備一切條件，能夠戰勝橫在你眼前的障礙。戰車牌的豐沛能量是來自你自己的意志力和內在動力。如果你讓它往壞的方面發展，你也會得到壞的結果。

逆位 基本牌義

戰車牌上下顛倒，代表你現在並不清楚自己想要什麼，也沒有任何內在欲望和意志力想要得到它，現在的你，對什麼事情都漠不關心，也毫無方向。你內在那股自我要求的力量正在消失，而且你覺得自己似乎走錯路，或是有種陷入困境的感覺，在裡面繞圈子走不出來。現在你最需要的是，重新找回的人生方向，以及能夠讓你專心投入的事情。就像塔羅牌上的戰車圖案一樣，如果拉著馬車的那兩隻動物是各自朝相反方向前進，你現在當然是動不了，無法往前走。

龍舌蘭酒義

能夠完全掌控局面是好事。在這個魔法能量滿滿的夜晚，無論你想做什麼事，都會順利成功。為什麼？因為你是那種能讓事情顯化成真的人。你最喜歡的那家餐廳訂不到位，但就那麼巧你剛好跟老闆認識，然後你就有位置了。你開心和情人共舞，沒有任何事情能阻礙你享受這個充滿戰車能量的美好約會之夜。

逆位 龍舌蘭酒義

當夜幕揭開，你抱著滿心期待。一切準備就緒後，你開車去接你朋友，然後一同前往那間據說是最近新開張的龍舌蘭酒吧。但運氣也實在太糟了吧，半路上居然遇到道路施工，然後又發生一連串倒霉的事，讓你沒辦法在預定時間順利抵達目的地。你覺得很沮喪，你的朋友也開始變得不耐煩。車陣又塞了二十分鐘，你開始疑惑，到底還要不要去他媽的那家笨蛋龍舌蘭酒吧。不過，我猜想這應該是取決於，你是否有辦法搶救這輛半路翻倒的戰車。

神祕魔法配對

什麼人都有辦法調出一杯傳統的莫斯科騾子，但這杯戰車酒，可是需要一個有強大專注力、行動力，還有進取心的人才調得出來唷！

這次我們不用伏特加，改用龍舌蘭來調製這款戰力十足的酒。既然可以好好利用蘋果和甜菜大膽厚實的味道，為什麼要限制自己只用萊姆？野心要大一點呀！當你面臨人生需要轉換正確跑道的時刻，不妨幫自己調製這杯戰車雞尾酒。好事已經來敲你的門囉，當你要伸手把門打開時，別忘了先啜一口酒。讓這杯調酒的戰力推動你前進：集中精神、專心致志，持續往前衝。不要害怕這股強大的動力—只要確保你能夠堅持下去，它一定會為你帶來勝利！

杯型　　可林杯

戰車酒譜

1 $^1/_2$ oz. 白龍舌蘭
（Blanco Tequila）

$^3/_4$ oz. 甜菜汁
（beet juice）

$^1/_2$ oz. 萊姆汁
（lime juice）

1 oz. 無過濾蘋果酒
（unfiltered apple cider）

少許薑汁啤酒
（ginger beer）

1 片萊姆切片，裝飾用
（lime slice）

✦

將龍舌蘭酒、甜菜汁、萊姆汁以及蘋果酒放入雪克杯。
搖盪均勻，濾掉冰塊後，倒入盛滿冰塊的可林杯。最上
層加少許薑汁啤酒，最後用一片萊姆切片做裝飾。

8 　　　　　　　　　　　　力量

�належ✻✻✻✻✻✻✻✻✻✻✻✻✻✻✻✻✻✻✻✻✻✻✻✻✻✻✻✻✻✻✻✻

基本牌義

一般人看到這張牌，很容易聯想到肉體的力量，不過，力量牌通常要談的是我們的內在力量。你是否具備自制力以及平和但強大的決心，想成為一個具有影響力的人，來獲得你想要的東西？你有沒有辦法將那頭獅子的嘴巴掰開，然後把你的頭伸進去，跟牠形成一種彼此信任與相互尊重的關係？力量牌也可以代表健康狀況良好，而且能夠儲備足夠的精力，才不會讓自己太過疲憊虛累。

龍舌蘭酒義

你有玩過「喝通關」（bar crawl）*嗎？你知道怎樣才能安然活到最後嗎？絕對不能一開始就表現得太猛，對吧？就像人家說的，這是一場馬拉松，不是短跑競賽。你要懂得如何保留實力。好好運用你的自制力和耐力，這樣你才能比你朋友撐得更久。當他們一堆人因為不知節制或缺乏耐性而喝趴倒地，只有你一個人還好好的沒事。

譯注：Bar crawl 或 Pub crawl，就是同一個晚上連續進入一間又一間酒吧，盡情喝 shot、狂歡跳舞，然後又接著移動到另一間。

逆位 基本牌義

力量牌出現逆位，通常代表你對自己有所質疑，你害怕掌控某個局面，或是擔心自己沒辦法做一個稱職的領導者。每個人都有過這樣的經驗，在生命中某些時刻會感到擔憂恐懼，覺得自己渺小無力。我們會出現一些怯懦的想法，擔心自己不夠強大，沒辦法照自己的意思來過生活。請不要再自我懷疑！你一點都不脆弱、一點都不渺小。唯一會阻礙你發揮最佳實力的人，其實是你自己。

逆位 龍舌蘭酒義

你是否曾經受邀參加一個派對或社交聚會，那個場合沒幾個你認識的人，然後你為了給人留下良好的第一印象，就很努力讓自己成為這個宴會的焦點？有沒有人曾經想測試看看你有多「酷」，就拚命對你灌酒，以此來考驗你的實力和意志力？我知道你希望讓所有人對你留下深刻印象，但也不能因為同儕壓力就讓自己陷入這種破敗的局面。如果你真的不想參加那種毫無節制的飲酒聚會，你能用足夠強硬的態度去拒絕對方嗎？不要輕易屈服！堅定你的立場，人們會因此更加尊敬你。

神祕魔法配對

有時，人們喝酒是為了逃跑。有時，我們喝酒是為了擁抱。當我們需要跟自己的內在紀律和寧靜相聯繫的時候，不妨蒐集正確材料，來開啟這個力量強大的變革儀式。

經過一整日的漫長工作時光，你的聲音被扼殺，你的所作所為受到質疑，這時，請拿起你的杯子，走到室外呼吸一下新鮮空氣。或許是剛剛的一陣小雨，小草在月光下發出晶瑩剔透的光，這時，不妨站在自家陽台上，把你白天想說的話大聲說出來。

讓薑黃和檸檬來幫你恢復元氣活力——聞一聞散發在空氣中的熱烈香氣！對著黑夜發出大大一聲獅子吼！同時對自己說：「我很強大！」連續說三次，聲音要一次比一次響亮，直到你完全相信這句話。每一次都要帶著滿滿的力量和感情來說這句話，讓每一個聽到的人也都相信這是真的。「我很強大！」

杯型　　　　　古典杯

力量酒譜

2 oz. 老湯姆琴酒
（Old Tom Gin）

1/2 oz. 薑黃蜂蜜糖漿
（turmeric honey syrup，自製配方如下）

1 oz. 鮮榨檸檬汁
（fresh lemon juice）

黑海鹽，裝飾用
（black sea salt）

檸檬皮，裝飾用
（lemon peel）

✦

將琴酒、糖漿和檸檬汁倒進雪克杯。用力搖盪，濾掉冰塊後倒入古典杯。上層用黑海鹽做裝飾，然後擠壓扭轉檸檬皮，讓皮油噴附在雞尾酒上。

薑黃蜂蜜糖漿

將 1 杯蜂蜜、1 杯水、1 茶匙薑黃和 10 顆黑胡椒粒放入小平底鍋中煮沸。輕輕攪拌直到蜂蜜完全化開。放涼靜置一夜，冷藏在冰箱可保存約兩個禮拜。

大阿爾克那

✳

9 隱士

基本牌義

隱士小小聲對你說，現在正是向內反思和安靜獨處的最佳時刻。人生就是一趟旅程，在這段旅途中，你可能需要或想要有一點時間來回顧之前走過的路，無論是實際上的路程，還是精神上的旅途。不管是哪一種，隱士牌都代表現在是你靈魂的探索時刻。人生經驗會不斷累積，但有時也可能積了一堆垃圾。當人生走到這個階段，不妨暫時停下來，聽聽自己內心的聲音，讓你的真實感受帶你進入一個更安靜、更平和的地方。

逆位 基本牌義

在每一個人的靈性旅途中，總是會出現這樣的時候，你發現自己似乎遇到無法跨越的障礙，挫折感很深。就算你的朋友家人想要幫助你，你也不想聽他們的建議。你似乎進入到一種情緒上的不成熟階段，感覺跟社會完全脫節。因為某些奇怪的理由，你開始把自己孤立起來。你可能認為自己需要獨處，但實際上你真正需要的是療癒——問題在於，你根本不可能因為孤立而得到療癒。

龍舌蘭酒義

因為跑了太多趴，讓你感覺很空虛，整個人快要被掏空了。你離真實的自己愈來愈遠。比平時晚睡已經影響了你的生物時鐘，這段時間，你根本沒有好好傾聽身體的需求。接下來這幾個週末，你要開始拒絕朋友的邀約，這樣你才有辦法重新面對真正的自己，思考你的人生真正要什麼，重新得到啟發。

逆位 龍舌蘭酒義

你是不是有某個朋友或家人消失不見了？有一天，突然毫無預警，那個人就這樣不見了。因為人生變得太過艱難，他們選擇一次短暫的出走，沒想到卻演變成極具破壞力、無盡孤獨的墮落。有些人因為一時衝動做出某個決定，結果導致接下來一連串的錯誤。聽起來好像有點浪漫可以寫成小說情節，但是，如果你人生最後一個場景是在佛羅里達西礁島的某家潛水酒吧獨飲，最後以昏倒收場，這可不是什麼浪漫的事哦。拜託！好好當一個社會人！

大阿爾克那 9 ─ 隱士

神祕魔法配對

一般人對於「一個人喝酒」似乎印象不怎麼好。但是，如果你一邊獨飲一邊做一點靈魂探索呢？跟自己的思想念頭獨處，可以帶來自我覺知，對自己有更多認識。如果你願意的話，不妨偶爾適時脫離人群，事實上可能會為你帶來新的領悟和啟發。

或許可以安排這個週末去釣個魚。去到山林裡的小屋，你從小就喜歡去的那個地方。準備一點音樂、你的釣具箱以及一本日記，寫下你的自我發現。

頭一晚睡覺前，幫自己調一杯酒，站在小屋陽台俯瞰湖泊仰望星空。在混合這些材料時，記得深深嗅聞那獨特的香氣。葛縷子、茴香、夏特勒茲相互融合，會散發出令人陶醉的香氣。如果你有足夠的意志力撐住，在開口品嚐之前不妨仔細欣賞一下這杯酒，你的靈魂探索旅程就從這裡開始。張開雙手迎接它吧！

杯型　　　可林杯

隱士酒譜

1 $\frac{1}{2}$ oz. 阿夸維特酒（Aquavit）

$\frac{3}{4}$ oz. 檸檬汁（lemon juice）

$\frac{1}{2}$ oz. 黃色夏特勒茲（Yellow Chartreuse）

$\frac{1}{2}$ oz. 蜂蜜糖漿
（honey simple syrup，自製配方如下）

1 吧匙希臘優格（greek yogurt）

少許蘇打水（club soda）

1 片檸檬角，裝飾用（lemon wedge）

✦

將阿夸維特酒、檸檬汁、黃色夏特勒茲、蜂蜜糖漿和希臘優格全部放入雪克杯。混合搖盪後倒進盛有晶塊冰（詳見小提示）的可林杯。最上面倒入一層蘇打水，最後用檸檬角做裝飾。

蜂蜜糖漿

將1杯蜂蜜和1杯水放入平底鍋裡，用中火煮到略為收汁並完全混合。放涼靜置一夜，冷藏在冰箱可保存約兩個禮拜。

小提示：晶塊冰（Nugget ice，冰粒）

晶塊冰是用薄片冰製成的小冰塊，形狀看起來像小小粒的鵝卵碎石。因為裡面有很多空氣，很適合咀嚼。直接用粗碎冰也可以喔！

10

命運之輪

基本牌義

占卜牌陣中出現命運之輪，表示你已經來到人生的一個正向轉捩點。這是令人興奮的事情啊！生命每三個月就會有一次輪轉，從好運走到壞運，然後重新再回到好運。生命的循環之輪就是這樣輪轉不停。很多事情並非我們所能掌控。當你抽到這張牌，代表你會有意想不到的好運，你的生命即將有所轉變，而且你會明顯感受到。有可能是你長久以來擔憂的問題出現了解決契機，事情開始往好的方向發展。也可能是得到一筆意外之財。無論是什麼事情，你都可以期待好運到來。你值得擁有這份好運！

龍舌蘭酒義

占卜中出現這張牌，就去拉斯維加斯玩一把吧！當你尻了一堆龍舌蘭，然後又跑去賭博，那會發生什麼事？正常來說，我會建議你不要做這種事，但如果你覺得自己現在有幸運之神眷顧，或許命運的輪盤就是會一直轉到你押注的號碼上喔！賭場看到你接連押中，搞不好還會給你一堆免費招待。至少你喝過的龍舌蘭可以全部免費吧！

逆位 基本牌義

好運會降臨到你身上，同樣的，命運之輪也會逆轉，你的運氣也是。逆轉的命運之輪提醒我們，其實每一個人都相同。幸運有時，不幸也有時。當我們走到生命的低谷，千萬不要以為只有自己才會遇到那些倒霉事。這時候我們能做的，就是好好去面對它、克服它。如果多要求一點，那就是，當倒轉的輪子滾進來時，我們能夠從它學到寶貴功課。與其拚命跟它對抗，不如試著放手、不要想去操控它，就當作一次意外挫折，好好接受下來。幾個月後，逆轉的輪子一定會再次正向轉動，你的運氣也會再次翻身。

逆位 龍舌蘭酒義

在你輸掉更大一筆銀子，或做出更多錯誤決定之前，請趕快停手，然後乖乖回家。很明顯你今晚手氣不好。有些事情是你無法操控的，好運在今晚並不屬於你。平常的話，龍舌蘭確實是你的好朋友，可惜今晚不是喔！不管你是多喝了幾杯，還是在執行自毀任務，你現在都要趕快撤退，改天再戰。朋友都還是會很愛你，雖然你經常出包把事情搞得很尷尬。壞運一定會過去，好運一定會再來，因為命運之輪始終轉動不停。

神祕魔法配對

命運之輪這張牌的真正含義是機運。當你需要將負向能量轉成正向能量時，不妨幫自己調製這杯雞尾酒。口頭上告訴自己，你會變得更積極並散發快樂能量，這是一回事，如果能具體運用儀式來改變自己的觀念，就能讓正向能量更加落實。

開始調酒之前，請先幫自己創造一個神聖空間，房間裡不要堆積任何雜物，這樣的風水會對你比較有利。當你在這裡感覺很舒適自在，手裡拿一束燃燒的乾燥鼠尾草，然後逆時針方向在這個房間裡繞一圈，口中一邊唸到：「謝謝你幫我清除所有負能量，我歡喜迎接正能量和光明進入我的生命中。」

儀式完成之後，就可以開始調酒囉！一個充滿茉莉、蜂蜜、薄荷味道和香氣的空間，怎麼可能還有負能量存在的餘地？

杯型　　　　　可林杯

命運之輪酒譜

1 $1/2$ oz. 諾利琴酒
（Nolet' s Gin）

4 oz. 冰茉莉抹茶
（jasmine matcha iced green tea，自製配方如下）

$1/2$ oz. 柚子蜂蜜糖漿
（Yuzu honey syrup，自製配方如下）

6 片新鮮薄荷葉，外加 1 枝薄荷枝，裝飾用
（fresh mint leaves, plus 1 sprig）

✦

將材料全部放入裝有冰塊的雪克杯中，搖盪均勻（這個動作可讓薄荷味從茶中透出）。濾入盛有冰塊的可林杯。最後用新鮮薄荷枝做裝飾。

冰茉莉抹茶

將6杯水和2個茶包放入平底鍋中。用中火煮至沸騰，然後泡十分鐘。放涼靜置一夜，冷藏在冰箱可保存約兩個禮拜。

柚子蜂蜜糖漿

將 $1/4$ 盎司濃縮柚子汁、1杯蜂蜜、1杯水放入平底鍋中，用中火煮至略為收汁濃稠。放涼靜置一夜，冷藏在冰箱可保存約兩個禮拜。

11　　正義

✳✳✳✳✳✳✳✳✳✳✳✳✳✳✳✳✳✳✳✳✳✳✳✳✳✳✳✳✳✳✳✳✳✳✳✳

基本牌義

占卜牌陣中出現正義牌，那盡可安心，因為你知道法律的天平和正義會站在你這邊。如果你正面臨訴訟方面的問題，那請放心，事情一定會往你希望的方向發展。這張牌也是在告訴你，你可能因為過去的某個行為而被咎責。不過別擔心：如果你過去對別人好，那麼我相信，你現在也會得到對方相對的回應。善有善報，惡有惡報；這就是業力啊～業力！當你在占卜中看到正義這張牌出現，請保持冷靜，只要把事情的優先順序設定好，就不用太擔心。

龍舌蘭酒義

你請朋友喝了一杯，然後對方就說下一輪換他們請客，這種感覺不是很棒嗎？好朋友之間就是有來有往。甚至不需要事先講好。酒吧裡的行動準則就是真心、對等和公平。對你的選擇負起責任，而且要保持樂觀的心態，凡事往正面想。如果你的善行好意沒有得到對等回報，也不要太在意，因為你知道宇宙會找到最好的方式來回應這件事。請你鄰座的那位美女喝杯酒，別無其他動機，只是為了把善意傳遞出去。大膽試試看吧！

逆位 基本牌義

如果正義牌代表公平，那麼逆位的正義牌就是要告訴我們，人世間也有不公平的時候。並非你遇到的每個人都能像你一樣客觀而且負責任。有些人確實不怎麼誠實，人心也會腐敗墮落，甚至會為他們自己的選擇和決策偏袒護短。如果你目前有牽涉到任何法律方面的問題，很可能結果不會如你所願。我希望你不是因為過去對別人不好，而種下了這個因，因為生命存在著因果業力法則。正義牌逆位代表著那些自認可以逾越律法之人將受到報應懲罰。

逆位 龍舌蘭酒義

尻掉一輪龍舌蘭之後，其實你也不想自己開車回家。但你心裡想，不過就那麼幾公里路而已，一定可以安然到家，不會有問題的啦！可是你都已經喝到茫了，還想自己開車？忘了早上才抽到正義逆位牌嗎？正確選擇應該是要找代駕啊！看吧！忘了打方向燈被警察杯杯攔下來了齁，警察才不管你家住多近勒！因果業報是真的啦！千萬不要鐵齒！

大阿爾克那　11 —正義

✳

65

神祕魔法配對

但願你與別人的所有互動都能均衡對等與保有公平正義。這個想法很美好，但我知道現實上不可能始終如此。當我們受到不公不義的對待之時，不妨嘗試用這款調酒來平衡可能失控的情緒。

這款調酒基本上是一種疊疊樂遊戲，其精髓就在於「平衡」。艾普羅香甜酒的柑橘味、鳳梨浸泡的龍舌蘭酒，與三種口味的苦精形成完美和諧的共鳴。苦精又與黃色夏特勒茲相互協調，達成了新的平衡，使得這款雞尾酒的層次感更為豐富。

如果可以的話，不妨坐在鏡子前面調製這杯酒。看著鏡中的自己，就像用別人的眼睛在看著你這個人。你想要別人怎麼看你，就用那樣的眼光來看你自己。調好酒，準備飲用之前，先對自己說十一次這句話：「我對人保持公正，我對人保持公平，我這樣對待別人，別人也會如是對待我。」然後開始享用這杯正義之酒！

杯型　　　　　　古典杯

正義酒譜

1 oz. 鳳梨龍舌蘭酒
（Pineapple-Infused Tequila）

1 oz. 艾普羅香甜酒
（Aperol）

1 oz. 黃色夏特勒茲
（Yellow Chartreuse）

1 抖振柑橘苦精
（Orange Bitters）

1 抖振葡萄柚苦精
（Grapefruit Bitters）

1 抖振火辣哈瓦那苦精
（Scrappy' s Firewater Habanero Tincture）

1 片葡萄柚角，裝飾用
（grapefruit wedge）

✦

將所有材料放入攪拌杯中攪拌均勻，然後濾入盛有一顆
大立方冰塊的古典杯。最後用葡萄柚角做裝飾。

大阿爾克那

✳

The HANGED MAN

12   吊人

基本牌義

吊人說，如果你要成長，就必須改變你的視角和觀點。能夠真正放下舊有的思維方式，才能得到新的智慧。你可能需要犧牲一部分的自己，才能獲得新層次的領悟，但這一切都是值得的。要刻意讓自己暫停下來。就像牌面圖案上的這個男人，他的臉看起來很平靜。他刻意讓自己維持這個倒吊的姿勢，這樣才能看見不同的世界。這是一種試煉。為了靈性成長，我們有時會選擇這樣做……。

龍舌蘭酒義

又浪費了一個晚上的生命。什麼事情讓你這麼沮喪呢？你在路上閒晃，手裡拿著一瓶龍舌蘭，但你笑不出來。到底怎麼了？喝酒不是你最開心的事情嗎？或許你對這種周而復始的生活已經有點厭倦，所以接下來這個週末你決定待在家裡。你為自己倒了一杯酒，坐在沙發上看影片。也許有點無聊，你可能會想念在外面跟人社交的日子，但此刻你臉上掛著微笑，因為你知道這正是你現在需要的。

逆位 基本牌義

絕對不要無緣無故自己找罪受，結果卻什麼改變都沒有。既然你都刻意讓自己處在那種不舒服狀態了，至少也該從中拿到一點東西當回報，對吧？逆位的吊人牌告訴你，真正在阻礙你的，是你心態上沒辦法做改變。對現在的你來說，重視物質大過精神生活已經沒有任何好處。你為什麼要逃避掉那些可以讓自己成長或改變的機會呢？或許你對現在的生活很滿意，如果真的是這樣，你又何必找罪受、讓自己上下顛倒吊掛在那裡呢？

逆位 龍舌蘭酒義

要完全脫離那群酒肉朋友，不是件容易的事。你在這些人身上投注了那麼多時間，結果發現他們的所作所為對你只是有害而無益。要做出這樣的抉擇確實不容易，但你也不能一直沉溺在那些對你毫無用處的事情啊！不要再逃避。長痛不如短痛！最後你還是得撕下那張遮住傷口的 OK 繃，跟他們說再見。

神祕魔法配對

你願意開多遠的路途去嘗試一款新酒？你願意離開自己熟悉的舒適圈多遠？你會為了一嚐未知的新滋味而犧牲掉長久以來習慣的口味嗎？有時候，生命會要求你捨棄老舊的東西，去擁抱新的事物。這種為了改變而獻出的供品，看起來像是一種試煉，是為了考驗你的耐心和忍受力。不妨試試這個儀式，轉換一下你的視角和觀點！

你和另外兩位朋友（三人一組）來到一座沙漠，在月光下遇見這奇怪的仙人掌果實。聽說它的名字叫作刺梨。外表看起來怪模怪樣，但是怎麼會這麼好吃呀我的媽！酸中帶甜，陽剛之中帶著陰柔的滋味。當你把這顆水果的生命獻給這杯調酒，請向曾經服務過你的那些老舊思維致上最深的感謝，然後期待嶄新美好的你自此誕生！

杯型　　　　　可林杯

吊人酒譜

1 $\frac{1}{2}$ oz. 白龍舌蘭
（Blanco Tequila）

1 $\frac{1}{2}$ oz. 仙人掌果刺梨糖漿
（Xoconostle Cactus Syrup，自製配方如下）

2 oz. 蘇打水
（club soda）

1 片刺梨角，裝飾用
（prickly pear wedge）

✦

將所有材料放入裝有冰塊的雪克杯中，隨意搖盪。然後
濾入盛有冰塊的可林杯，最後用一片刺梨角做裝飾。

仙人掌果刺梨糖漿

將1杯水、1杯糖和3顆仙人掌果鮮榨果汁放入小平底鍋中，
用中火煮到砂糖完全溶解。放涼靜置一夜，冷藏在冰箱可保存
約兩個禮拜。

✳✳✳✳✳✳✳✳✳✳✳✳✳✳✳✳✳✳✳✳✳✳✳✳✳✳✳✳✳

基本牌義

死亡也是生命的一部分，因此，當占卜牌陣中出現死神牌，它也可意指「重生」（rebirth）。改變已經降臨在你身上，隨之而來的是一份邀請，要你變成一個更有力量、更強大的人。就像毛毛蟲羽化成蝴蝶，蟲蛹的階段也是一種死亡。從生命的演化循環中蛻變而出，你就能以不同的眼光去看世界，最終建立起全新的信仰體系。勇敢面對它，現在你是一個新造的人，再也無法回到過去那個你了。就像人死之後再也不能復生，你必須接受終點，才能有新的起點。

龍舌蘭酒義

一直以來你都只喝伏特加齁？我知道啦，從你懂得喝酒那天起，你就只喝伏特加，但是偏偏你有一群個性古怪又瘋瘋癲癲的朋友，一來就在你面前擺出一整排龍舌蘭。沒什麼大不了 der，對吧？嘗試一種沒喝過的酒，是會怎樣膩？難道你擔心它法力太強喝完你就會變成另一種人類？你有辦法跟過去那個你說掰掰，然後擁抱各式各樣嶄新的開始嗎？我不是說從現在起你要用南部腔說話然後騎山豬去上班啦*，我只是想告訴你，事情既然無可避免，那就接受它、擁抱它。好好享受龍舌蘭啊！

譯注：原文是「to start talking in a southern drawl and riding horses」，譯文稍微改成台灣在地化說法，這是南部人幽默自嘲的一種表達，沒有任何歧視意味。

逆位 基本牌義

你的人生每一天都在展開新的篇章，同樣的，也必定有舊的章節會結束。你會用什麼心態來接受生命中的新事物？你是否因為過去曾有過巨大且深刻的失落而感到萬分痛苦，以致無法讓自己好好去享受未來的人生？逆位的死神牌提醒你，如果你一直害怕未來未知之事，那你就無法繼續往前走。往前走會發生什麼事？你會成長，你會學習，你會進化。很多事情都可能發生。任何重大的變化，都會讓你想到自己也非不死之身，生命極其有限。依循著四季的無常變化，我們也不斷被提醒，世間無時無刻不存在著死亡與重生的輪轉。放下對改變的恐懼，你就能活出最棒的人生！

逆位 龍舌蘭酒義

恭喜！大學畢業了，你對接下來的人生充滿了期待。然而，離開大學生活還有這一路結交的所有好友，感覺似乎有點可怕。逆位的死神牌要提醒你，不要執著於過去那四年的時光，也不要拒絕即將到來的改變，它是一份禮物，正在敲你的門。如果你感覺自己好像有點退縮，想到要搬回老家重新展開新的人生，就覺得很難過。這時，不妨為自己做一件事：在你告別大學生活的那一天，給自己倒一杯龍舌蘭酒、加一顆大冰塊，當作你的成年禮，向自己的嶄新人生乾杯致敬。

神祕魔法配對

讓我們一起舉杯，向我們的新生致敬！無論你是想為生活帶來一點刺激和變化，或是慶祝已經到來的重大改變，這款調酒都非常適合此時飲用。但是請注意！這杯酒不適合心臟無力的膽小之徒。你是否曾經窺視那最深沉的暗夜是何等模樣？嗯，當你在調製這杯酒時，你就能親身體驗。在你喝下這杯威力強大的混合酒液之前，請確定自己已經做好準備，要接受魔法帶來的改變。

無論這個夜晚如何平淡、尋常，你都可以在此時幫自己引爆變化。同時，也將這個改變分享給關心你的朋友，不管你現在是什麼樣的人、將來會變成什麼模樣，他們還是一樣愛你。擁抱魔法的朋友愈多，這個儀式的效果就愈大。

杯型　　大古典杯

死神酒譜

1 $1/2$ oz. 白龍舌蘭
（Blanco Tequila）

$1/2$ oz. 梅斯卡爾
（Mezcal）

2 oz. 鮮榨萊姆汁
（fresh lime juice）

1 oz. 活性碳糖漿
（Activated Charcoal Syrup，自製配方如下）

1 片萊姆切片，裝飾用
（lime wheel）

✦

將所有材料放入雪克杯中，用力搖盪。然後濾入盛有大冰塊的雙份大古典杯。最後用環形萊姆切片做裝飾。

活性碳糖漿

將1杯水、1杯龍舌蘭糖漿（agave syrup）和1大匙活性碳放入平底鍋，用中火煮十五分鐘，讓所有材料完全溶解混合並略為收汁。放涼靜置一夜，冷藏在冰箱可保存約兩個禮拜。

14 節制

基本牌義

節制牌說，此時你要沉住氣，耐心等待。找一段空檔時間，讓你的頭腦思緒沉靜下來，聽聽自己心裡的聲音，你才能真正找到平衡，冷靜克制才能讓事情得到加成效果。當你心中有個聲音在告訴你：事緩則圓、凡事要適中，請好好把這句話聽下去。有時，能夠沉得住氣等待的人，確實會得到比較好的結果。重要的是，當你在實踐「與萬物和諧共處」、「少即是多」等這些概念時，你是真心這樣想嗎？節制是一項人生功課，但你真的必須好好聆聽你的天使發送給你的訊息。要怎麼跟他們溝通呢？當然是透過靜心冥想和你的「內在耳朵」。

龍舌蘭酒義

在你認為，一杯完美的調酒需要具備什麼條件？對我來說，答案很清楚，就是一定要有龍舌蘭。但認真說起來，一杯完美調酒的最重要條件其實是「平衡」，讓所有材料形成理想的結合狀態，就能創造出煉金術般的傑作。各種不同味道完美融合，才能造就出最美妙的味覺享受。一杯調酒要倒進多少龍舌蘭酒才算完美，這確實相當考驗調酒師的克制力與耐性。你可能想多倒一點，但你知道，只要一過量，這杯酒就毀了。各位親愛的調酒師朋友，你是否經常為了創作一杯完美無瑕的調酒而傷透腦筋？想想「協同效應」（Synergy）的道理。記得，一加一大於二！

逆位 基本牌義

當你感覺生活失去平衡，你跟自己或與他人的關係像是油和水無法相融，這時你感受到的可能就是逆位節制牌的能量。心態過於極端或行事太過激烈，可能會讓你做出糟糕的決定，之後你可能會非常後悔。如果你還沒準備好，就不要硬強迫自己做決定，不要因為有人對你的行為感到不耐煩或失望，就逼得你不得不立刻做出選擇。逆位的節制牌告訴你，你需要重新評估你處理事情的方式。或許你現在需要暫時停下手邊正在進行的事，讓自己喘口氣。重新找回內在的平衡點。

逆位 龍舌蘭酒義

我承認我很愛那種下手很猛的調酒師；但是！通常隔天早上都很慘。凡事都要講求適度！我不能怪我的調酒師朋友陷害我，只怪自己喝得太快太猛，完全不知節制。每次我剛喝完一杯，逆位的節制牌就會馬上煽動我趕快再喝一杯。一個人缺乏克制、沉不住氣、抓不到平衡點又毫無節制，最後會怎樣？結果應該不難想像。誠心建議……一口一口細細品嚐就好。

大阿爾克那　14　節制

神祕魔法配對

要調製出一杯有療效的藥水，需要良好的節制力。你必須讓各種材料完美結合，從中找到最恰當的平衡點，才能發揮預期的魔法效力。這款特效藥水搭配早晨的太陽光飲用，效果最為強大，完全能起到「狗毛」*的功效。儀式一開始，先調一杯傳統血腥瑪麗。接著召集幾個好朋友過來，請他們一起動手，來擴大這杯神奇藥水的治療效果。

譯注：狗毛（hair of the dog），指解宿醉的酒。據說，古時候的蘇格蘭人相信，如果有人被狗咬到，只要放幾根那隻狗的毛在傷口上，或是喝下用那隻狗的毛泡的藥水，就能預防狂犬病發生。後來引申為以毒攻毒、以酒解酒的意思。

杯型　　　　　品脫杯

節制酒譜

1 oz. 銀龍舌蘭（Silver Tequila）

4 oz. 蛤蠣番茄汁或一般番茄汁（Clamato or Tomato Juice）

3 顆萊姆，果肉搗碎（limes）

3 shakes 伍斯特醬（Worcestershire sauce）

2 shakes 醬油（soy sauce）

4 shakes Tabasco 辣椒醬（Tabasco）

1 茶匙芝麻油（sesame oil）

老灣海鮮調味粉和海鹽（Old Bay Seasoning and sea salt）

1 瓶 8 oz. 可樂娜冰啤酒（Coronarita，或任何你喜歡的拉格啤酒皆可）

1 條醃漬四季豆，裝飾用（pickled green bean）

✦

雪克杯裝滿冰塊。將龍舌蘭酒、蛤蠣番茄汁、伍斯特
醬、醬油、Tabasco 辣椒醬和芝麻油全部倒進雪克杯裡。
蓋上蓋子搖盪到混合均勻。將老灣調味粉和海鹽放在盤
裡。用冰鎮過的品脫杯倒蓋在混合鹽盤上，做成鹽口
杯。將酒液濾入品脫杯中，最上層倒入啤酒。用一條醃
漬四季豆做裝飾。

15　惡魔

⁂⁂⁂⁂⁂⁂⁂⁂⁂⁂⁂⁂⁂⁂⁂⁂⁂⁂⁂⁂⁂⁂⁂⁂⁂⁂⁂⁂⁂⁂⁂⁂

基本牌義

惡魔牌講的是我們的惡習、成癮行為以及物質主義心態——我們投注大量精力的那些事情，很可能對我們的靈性成長來說都不是明智選擇。是什麼東西在拉住你、讓你沒辦法發揮自己真正的實力？或許你現在看不到，但其實這些東西一直在奴役你，逼你對自己說謊、活在謊言之中。你是不是很容易屈服於誘惑？你能區別健康與不健康的情感關係嗎？占卜中出現惡魔牌，代表你可能沒有察覺到這類行為給你帶來的問題和麻煩，惡魔問你，你是否有足夠強大的力量，可以阻止這些問題發生。

龍舌蘭酒義

愛上龍舌蘭酒完全沒問題。話雖如此，如果你發現你的這種愛愈來愈無法自拔，已經變成一種執迷，並且你跟龍舌蘭的關係變得有點不健康、你幾乎已經失去自制力，那麼你可能需要暫停一下了。成癮行為對人的影響非常巨大，絕不可等閒視之。或許你需要找個人談談你的成癮行為，你才能擺脫這道枷鎖的束縛，離開這種不健康的關係。惡魔要我們繼續喝酒，但到了一個程度，我們還是得向他說「不！」

逆位 基本牌義

在你意識到自己有成癮行為的那一刻，你就已經踏出行動的第一步。逆位惡魔牌要說的就是：你有能力擺脫束縛你的枷鎖。它鼓勵你把主導權拿回來，捨棄成癮行為，重新得到自由。逆位的惡魔正在悄悄對你說，你很快就能得到某樣力量強大的東西。他可能不會馬上把那謎底揭開；不過，一旦你看清楚是什麼東西在束縛你，最後你一定有辦法擺脫它。你會重新拿回你生命的掌控權，踏上療癒康復之路。

逆位 龍舌蘭酒義

你以為你那群朋友是來接你去參加某場飲酒趴，結果完全不是那麼回事，他們出現在你家門口，要你坐下來，然後告訴你說，他們非常非常擔心你。他們逼你去面對一個事實：你喝酒已經喝到毫無節制，他們告訴你說，他們非常愛你，一定會幫你恢復健康。逆位的惡魔牌是在告訴你，你已經準備好要面對你給自己和身邊所愛的人帶來的傷害，而且，從現在開始要好好去掌控這股一直控制著你的力量。

⁂

神祕魔法配對

你應該不會因為一款調酒的名字叫作「惡魔」就卻步，希望是這樣。你是否曾經有過那樣的夜晚，很想讓自己任性放縱一下？你腦海閃過一個念頭，想要對你心中的邪惡投降、想要屈服於誘惑。通常這種時候，你大概會幫自己調一杯瑪格麗特，盡情享受這一夜；不過，今晚，方向盤在你的內在陰影面手上，那就隨它去吧！你開始用你的精神食糧龍舌蘭調製一杯爽口好入喉的酒。但是糟糕，今晚這樣的氣氛，這杯酒對你來說根本不夠看。你想要再火辣一點、再危險一點！你伸手把那瓶墨西哥辣椒浸漬龍舌蘭從架子上拿下來，帶著狡猾的惡魔詭笑說：「嘿嘿，怎麼可能這樣就滿足咧？」不倒點梅斯卡爾進去輕輕多踢兩下頭蓋骨怎麼行。其他材料配方也搭配得剛剛好，一開始你想說喝一杯就滿足了，結果最後把自己喝成了一罐大水壺。你暫時忘了自己是孤單一人，笑聲響徹夜幕。

杯型　　　　　　　　雙份大古典杯

惡魔酒譜

2 oz. 墨西哥辣椒浸漬短陳年龍舌蘭
（Jalapeño-infused Reposado Tequila）

1/2 oz. 梅斯卡爾
（Mezcal）

1 oz. 紅辣椒水／辣椒汁
（red pepper water (juiced)）

1 oz. 萊姆汁
（lime juice）

1/2 oz. 龍舌蘭糖漿
（agave nectar）

壓碎的粉紅胡椒粒和海鹽
（crushed pink peppercorns and sea salt）

✦

將龍舌蘭、梅斯卡爾、胡椒水、萊姆汁和龍舌蘭糖漿全
部倒入裝有冰塊的雪克杯中，搖盪均勻。將壓碎的胡椒
粒和海鹽放在盤子裡。用冰鎮過的大古典杯倒扣在混合
過的胡椒鹽盤上，做成鹽口杯。最後將酒液濾入杯中。

XVI

The **TOWER**

16 高塔

基本牌義

高塔牌可說是人們最害怕抽到的幾張牌之一。從定義上來說，這張牌意謂著你生活中即將發生意想不到的變化。通常，你都不太知道這種改變是從哪裡冒出來的，而且會覺得非常混亂。如果是精神層面，表示你原本的信仰體系會受到重大挑戰，如果是屬於物質層面，表示會遇到無法避免的災禍。高塔牌要教導我們的課題是，事物必先傾倒崩壞，才可能重新建立，重建之後甚至會比之前更牢固。高塔會使你變得比現在更強大，而且能夠應付未來人生無可避免的各種無常變化。

龍舌蘭酒義

酒吧俱樂部裡座無虛席，音樂震耳欲聾。今晚一如往常，你先開了一個帳單，把信用卡交給店家，你和朋友的酒錢全包在你身上了。一夜狂飲之後，你卻忘了結帳。過了幾個小時，你人在另一個地方，才驚覺身上信用卡不見了。你到處尋找，甚至折回原來的地方，但沒有一個人看到那張卡。怎麼老是學不會這個教訓呢？真慘哪！

逆位 基本牌義

逆位高塔牌跟正位一樣，都是代表即將發生重大變化，唯一主要差別在於：逆位牌意謂著你有足夠的時間和先見之明來避掉災難。另一個解釋是：或許逆位高塔牌是要警告你，你被困在停滯不前的狀態中，你的人生沒有按部就班往前進展。你可能需要某些事情來刺激你，讓你的系統可以往前推動，儘速做出改變。剛開始，你會覺得很不舒服，但最後你還是會慢慢適應。別怕，大膽張開雙手迎接改變發生吧！

逆位 龍舌蘭酒義

你的好朋友向你下了喝酒比賽的戰帖。一開始你想，有沒有搞錯，我是什麼人，當我還是弱雞大學生？不過，幾杯酒下肚後，再加上有點無聊，你就心志動搖接下了這個可怕的挑戰。雖然已經可以預見今晚下場會很慘，但輸人不輸陣，你開始一杯接一杯尻下肚。你想說只要水喝得夠多，今晚應該能全身而退。拿到逆位的高塔牌，表示你仍然來得及避開災難，但是你必須讓自己的聲音被聽到，而且要斷然拒絕。你的朋友一定會尊重你，因為你立場堅定，他們反而不想看到一個沒骨氣又醉到一塌糊塗的你。

神祕魔法配對

人生總會遇到這樣的時刻，也或許你已有多次經驗，在經歷震驚之後，你覺得需要喝上一杯來安定一下心神。原本一如往常的日子……突然晴天霹靂，意外降臨在你身上。你覺得自己再也無法回到從前，決定打電話給幾個朋友（確切來說是三位），把他們 call 出來，跟過去一樣。

要創造一個儀式來清理高塔崩落後的殘骸，說實在並不容易，但你堅持非試一下不可。這個特別儀式必須飽含滿滿的正能量，才能平衡和抵消已經發生的混亂和破壞。龍舌蘭酒裡已經先浸泡了大黃（rhubarb）一個禮拜，現在熟成可以喝了。你們四人開始合力調製這杯雞尾酒。接下來，一起舉杯，同時齊聲唸出這句話：「我接受改變，我已經改變。」完成後，把酒杯扔進爐火堆裡，並繼續複誦這句神奇咒語！

杯型　　　　可林杯

高塔酒譜

1 $1/2$ oz. 大黃浸泡白龍舌蘭
（Rhubarb-infused Blanco Tequila）

1 oz. 草莓果泥
（strawberry puree）

1 $1/2$ oz. 紅葡萄柚汁
（ruby red grapefruit juice）

2 oz. 蘇打水
（Seltzer）

1 片草莓切片，裝飾用
（strawberry slice）

✦

將龍舌蘭酒、草莓果泥和葡萄柚汁倒入雪克杯中，用力搖盪均勻。可林杯先裝滿碎冰，然後將混合後的酒液濾入杯中，再加進蘇打水。最後用草莓切片做裝飾。

大阿爾克那

✳

XVII

The STAR

17　　　　　　　　　　　　星星

✳✳✳✳✳✳✳✳✳✳✳✳✳✳✳✳✳✳✳✳✳✳✳✳✳✳✳✳✳✳✳

基本牌義

這張擁有神奇魔法的牌講的是希望、信心和靈感啟發。拿到這張牌，你可以好好許個願，因為願望成真的機會非常非常大。整個宇宙都是你的靠山，如果過去有什麼傷口需要修補或修復，現在就是最好的時機。此刻你充滿無限潛力；你唯一要做的是相信你自己。

逆位 基本牌義

你失去了希望和靈感。你擺脫不了沮喪憂悶的心情，沉溺在過去錯誤和挫折所產生的失望和失敗情緒中。相信自己——你是那顆閃亮的明星，你一直都是！

龍舌蘭酒義

你期待和親朋好友度過一個美好夜晚。大家一同舉杯敬酒之後，你突發奇想，決定在這魔法之夜讓自己好好展現風情，迷倒眾人！你主動接近你感興趣的人，請對方喝酒。你自信爆棚，感覺勢不可擋，你許願希望更多好事降臨。在這個星光熠熠的夜晚，讓希望和靈感指引你前進。

逆位 龍舌蘭酒義

自我懷疑又缺乏自信，讓你無法好好享受這美妙的夜晚。你悵然若失，在舞池裡獨自跳舞，身在喧鬧的酒吧卻感到心靈異常孤單，不想和任何人攀談也不想笑臉迎人。你選擇回到家，尋找更高的人生目標，不想當一隻社交花蝴蝶。

大阿爾克那　17 — 星星

✳

89

神祕魔法配對

在你展開星光追尋旅程之前，舉起你的酒杯，為宇宙和你自己乾一杯！把杯子湊近嘴邊，然後暫停一下。聞聞它的氣味……那是什麼味道？甜味？柑橘味？當你的感官全部甦醒，閉上眼睛許一個願。你人生的嶄新開端就從這返璞歸真、懷抱希望與感官復甦開始，你只需親身去品嚐，就能全然相信。

就像你初嚐那杯神奇藥水的心情，帶著相同的樂觀和驚喜來迎接這一夜的星光。

杯型　　　　　雙份大古典杯

星星酒譜

---

1 $1/2$ oz. 銀龍舌蘭（Silver Tequila）

$1/2$ oz. 艾普羅香甜酒（Aperol）

1 oz. 西瓜果泥（watermelon puree）

1 oz. 檸檬汁（lemon juice）

$1/2$ oz. 柚子龍舌蘭糖漿（Yuzu agave syrup，自製配方如下）

海鹽，鹽口用（sea salt）

1 片西瓜角，裝飾用（watermelon wedge）

✦

雪克杯裝滿冰塊。將所有材料倒入杯中，搖盪均勻。在盤子上放一些海鹽。將冰鎮過的雙份大古典杯倒扣在海鹽盤上，做成鹽口杯。將混合後的酒液濾入杯中，再加入冰塊。最後用西瓜角做裝飾。

柚子龍舌蘭糖漿

將1杯龍舌蘭、1杯水和$1/4$盎司濃縮柚子汁倒入平底鍋，用中火煮至沸騰。關成小火，繼續煮到所有材料完全混合，並略為收汁濃稠。放涼靜置一夜，冷藏在冰箱可保存約兩個禮拜。

18　月亮

基本牌義

在甜美月光照耀下，萬物看起來似乎與平常略有不同，微微帶著某種怪異離奇之感。月亮牌講的就是錯覺、假象以及未被揭露的真相。這個世界是不是藏了什麼你不知道的大祕密？如果不看事物表象，而是讓你的想像力和直覺來引導，那會如何？若是讓你的夢想來決定你的行動路線，那會如何？如果你知道了原本不該知道的真相，那又會如何？在月光照耀下，這些問題都會一一浮現。

逆位 基本牌義

真相終於揭開了！在你深入凝視那不斷變化的銀色月亮好幾天、甚至好幾個禮拜之後，答案開始自己顯露出來。你能正確解釋你看到的靈視畫面嗎？現在你終於能夠開始接收訊息，看穿迷霧背後的真相非常重要。現在問題來了，看到事實之後，你要怎麼辦？

龍舌蘭酒義

有時候酒一喝多，我們就會出現幻覺，對於剛剛請你喝酒的那個人的行為，你可能會做出錯誤解讀。不要讓你的夢幻妄想遮蔽了當下發生的事實。你的心有很強的感應力，清楚知道自己想要做什麼，也清楚你想要跟誰一起做這件事。

逆位 龍舌蘭酒義

你可能正在揭開某個真相，但或許那也未必是真正的事實。比如你酒退醒來之後，看到自己身邊躺著的人，才突然發現一些事實。或是一種覺醒或頓悟，你發現自己寧願待在家看電視，也不願去一個事後會讓你後悔的地方。或者偶爾你也會有一種感覺，你沒辦法確定自己究竟是阿宅還是跑趴王……也可能兩者都是。

神祕魔法配對

趕快帶著你的鼠尾草過來呀！

在滿月時刻進行儀式算是一種小詭計。利用幻覺來製造一點魔法，讓你的潛意識成為你的嚮導為你帶路。這杯調酒本身就是一個儀式，唯有正經嚴肅和無所畏懼才能直擊它的神祕本質。藉由踏上冥想之路，你會看到事實，也會看到那隱藏之物。當心靈意識的蠟燭熄滅，剩下的就是妄想夢境……它們會帶你去哪裡呢？經過一段幽暗與不定之後，或許這杯酒能照亮你的路。

邀請三位以上的閨蜜來展開這個儀式。以平靜舒緩的音樂揭開序幕，點一根紫白色相間的蠟燭，周圍放幾顆月光石、白水晶或是藍銅礦來增加明亮度。在窗子外面放一面鏡子，將月光反射到屋子裡。開始品嚐這杯調酒時，眼睛請看著鏡子，一邊說：「請讓我看見祕密背後的真相。」然後開始冥想，透過視覺、聽覺、嗅覺和重重的味覺層次，打開那扇門，通往更高的自我，揭開你原本不可能知道的祕密。

杯型　　　　　　　　可林杯

月亮酒譜

1 oz. 短陳年龍舌蘭
（Reposado Tequila）

1 oz. 白龍舌蘭
（Blanco Tequila）

1 oz. 番石榴果泥
（guava puree）

3/4 oz. 杏仁糖漿
（orgeat [almond flavor]）

1 顆萊姆榨汁
（lime, juiced）

2 抖振安格式原味苦精
（Angostura Bitters）

萊姆果殼，先泡在 151 蘭姆酒裡
（Lime shell, soaked in 151 rum）

✦

雪克杯放入冰塊，將所有材料倒進杯中（除了泡在蘭姆酒的萊姆果殼之外）。蓋好蓋子，搖盪均勻。先在 12 盎司可林杯中放入新的冰塊，然後將混合搖盪過的酒液濾入杯中。萊姆果殼從蘭姆酒中取出來，用火柴點火。點燃後馬上丟進杯裡，讓火熄滅。將萊姆殼放在酒杯最上層，即可飲用。

XIX

The SUN

19   太陽

✳✳✳✳✳✳✳✳✳✳✳✳✳✳✳✳✳✳✳✳✳✳✳✳✳✳✳✳✳✳✳✳✳✳✳✳✳✳✳

基本牌義

以塔羅占卜來說，太陽應該可以說是最好的一張牌。如果你問塔羅一個問題，結果抽到太陽牌，那答案絕對就是「YES!」大家最熟知的幾個太陽牌定義包括：純粹的快樂、愛、正向積極、誕生以及和諧愉快。當你決定重新踏上正面陽光的道路，這張牌就是你最需要看到的。此時，你人生中充滿正向積極的振動能量，你應該大力擁抱它們。搞不好你會跟一個內外皆美的人談戀愛！如果你一直努力於實現你的夢想，而占卜牌陣中出現太陽這張牌，那麼有很大機會你的夢想會成真。

龍舌蘭酒義

跟你的情人一起去某個海島度假，應該是這張太陽牌的一個極佳詮釋。閉上眼睛想像一下，讓你最快樂的度假勝地是在哪裡？你想和誰在一起？你想喝哪一款調酒？舉個例子來說，如果是一杯完美的瑪格麗特，那應該要用哪些配方？喝起來要帶有清爽的柑橘味嗎？看起來要像酒單上的寫真照片嗎？無論它是什麼模樣，你都相信那會是你喝過的最酷到爆的一杯瑪格麗特。

逆位 基本牌義

逆位的太陽牌提醒你，就算遇到困難，也要繼續保持樂觀。也許你覺得自己現在有點像小熊維尼裡面那隻常常愁眉苦臉、憂鬱自怨自艾的驢子「屹耳」（Eeyore）。就算生活一切都很順利，你也總是抱著負面心態在看事情。為什麼你要幫充滿美麗陽光的畫面畫上烏雲呢？占卜中出現太陽逆位，就是宇宙在告訴你，你應該要改變你的消極心態。明明是受到祝福的，但不知什麼原因，你卻一直在阻止自己獲得幸福。或許是你覺得自己不值得擁有這樣的幸運吧！你應該現在、馬上、立刻把這個奇怪的想法丟掉！

逆位 龍舌蘭酒義

你的死黨好友決定為你辦一場生日驚喜趴。你真的非常幸運，能夠有一群這麼關心你、這麼無私分享的好朋友。但是很可惜，你卻開心不起來。不跟朋友敬酒，也不跟人聊天說笑，只因為你覺得自己又老了一歲，所以悶悶不樂。你沒辦法讓自己活在當下、不看眼前的一切，所以你看不到自己是如何被人愛著。

神祕魔法配對

大家都喜歡看到太陽！經歷充滿恐懼和不安的漫長黑夜之後，你歡欣接受臉上那道溫暖的陽光，就像擁抱你的孩子一樣。你已將黑暗驅趕，看著它蒸發消失於角落，你終於能夠重新展露笑顏。

光明吸引光明！且讓這杯帶有陽光氣息的調酒，用喜悅、樂觀和嶄新的友誼將你的靈魂填滿。不論遠近、無論新舊，對所有來到你身邊的機會說「YES！」。以此歡喜慶祝全新的一天。誰說早上不能喝龍舌蘭？放下那杯令人厭煩的含羞草（mimosa），試試這一杯——跟你一樣充滿無限可能的活力調酒吧！

杯型　　　　紅酒杯

太陽酒譜

1 oz. 銀龍舌蘭
（Silver Tequila）

2 oz. 芒果汁
（mango nectar）

$1/2$ 顆萊姆，榨汁
（lime, juiced）

4 oz. 普洛賽克或氣泡酒
（Prosecco or sparkling wine）

1 片羅勒葉，裝飾用
（basil leaf）

✦

將龍舌蘭酒、芒果汁和萊姆汁倒入裝滿冰塊的雪克杯。搖盪均勻後，濾掉冰塊，倒進無冰塊的酒杯中。最上層倒入氣泡酒。最後用拍打過的羅勒葉做裝飾（將新鮮羅勒葉片放在手上拍打，就能激出它的香氣）。

XX

JUDGMENT

20　審判

基本牌義

有感覺到嗎？你已經改變，看到占卜牌陣中出現審判牌，就足以證明這件事。在你的人生進程中，你已經來到一個關鍵性的轉變階段。現在你必須對過去作一番省思，然後繼續往前邁進。宇宙正在召喚你！天使正在吹響他們的號角，你要仔細聆聽他們對你說的話。不過，在你邁出人生的重要下一步之前，你必須先寬恕、放下和原諒自己的過去。你不能帶著過去的你去走這段新旅程。

龍舌蘭酒義

你被兩個不同的自己困住了。因為正職工作沒有得到成就感，於是你把錢投資到一家餐廳／酒吧，當一個隱名合夥人，並且開始把工作之餘大部分時間都花在那裡。經過幾個月的學習，你投入的程度也愈來愈深，而且讓你意外的是，在那裡幾乎所有人都喜歡你。你來到人生的十字路口，感覺宇宙正在給你下最後通牒。你很清楚自己想做什麼。你想跟過去那個你說再見，然後也許會開一家自己的酒吧，誰知道未來會怎樣？真的很難說呢！總之，你已經沒有退路。你沒辦法再跟它對抗，你必須擁抱那個全新的你。

逆位 基本牌義

宇宙顯然在呼喚你要改變你的生活，但是你沒有聽見。到底怎麼回事？那是審判牌的逆位能量使然。你陷入自我懷疑的舊模式，所以一直在否定那個真實的你，僅管你身邊愛你的人也都清楚看到那才是你真正想過的生活。你必須去面對自己的猶豫不決，到底要不要放棄目前的生活方式，然後接受宇宙發送給你的訊息。自己的人生自己決定，不要害怕當一隻浴火鳳凰！

逆位 龍舌蘭酒義

喝酒跑趴的日子似乎正在遠去。你現在清楚感覺到一種落差，那個真正的你，以及朋友眼中的你，兩者之間好像已經連不上了。你愈是繼續那種喝酒跑趴的生活，你就愈會去否認你內心的真實呼喚，沒辦法讓自己變成一個更成熟的人。不過，在你切斷對別人的依賴、做出激烈改變、讓自己當個真正的成年人之前，你還是得先跟「過去的你」說再見，無論是真實生活的你，還是以一種隱喻的儀式。

神祕魔法配對

靜下心來，幫自己倒一杯酒。

你有聽到那個聲音嗎？很溫柔很小聲，但是語氣非常堅定，宇宙和你的天使正在對你發送訊息！為什麼別人都清楚，你自己卻看不到？為什麼你對自己的成就和能力視而不見？要做什麼樣的事情、要走多遠的路途，你才確定自己走在正確道路上？

當你腦中升起自我懷疑和心理障礙的烏雲，請將它全部關掉，然後仔細傾聽。獨自一人來展開這個儀式，全心擁抱你手上這杯酒，猶如那是宇宙對你的真實呼喚。點兩根蠟燭，將酒杯擺在中間。閉上眼睛，感受這一刻。你能聞到柑橘、蜂蜜和花朵的香氣嗎？讓它們來打破阻礙你直覺的那面牆，這麼長一段時間以來，這是你第一次仔細聆聽宇宙對你說話。

杯型　　　　香檳杯

審判酒譜

2 $\frac{1}{2}$ oz. 巴爾之丘琴酒
（Bar Hill Gin）

1 oz. 檸檬汁
（lemon juice）

$\frac{1}{2}$ oz. 蜂蜜醣漿
（honey simple syrup，參見第59頁）

2 oz. 金盞花冰茶
（Calendula iced tea，自製配方如下）

1 顆蛋白
（egg white）

1 片金盞花瓣，裝飾用
（marigold petal）

✦

將琴酒、檸檬汁、蜂蜜糖漿和金盞花冰茶倒入裝有冰塊的雪克杯中，用力搖盪。濾掉冰塊，倒入另一個雪克杯，倒入蛋白，不加冰塊直接進行乾搖（dry shake），搖盪的力道要比前一次更大，才能把蛋白打發，然後濾入香檳杯。最後放一片金盞花瓣漂在酒液上面。

金盞花冰茶

將2大匙乾燥的金盞花瓣放入平底鍋中，加1杯水煮沸。使用前將花瓣濾掉，然後放涼靜置一夜。冷藏在冰箱可保存約兩個禮拜，單獨飲用也可以喔！

大阿爾克那

✳

世界

基本牌義

當生命完成一個週期循環，世界牌就會出現。這張牌跟其他幾張談到生命階段的牌不一樣，世界牌是以歡喜快樂的氣氛收場。此時，你可以稍微放鬆心情，回顧一下你眼前的成就，先前的努力已經開花結果。世界牌也可以代表旅行（移動）。無論哪一種解釋，這張牌的出現都意謂著你已經有所成長，現在掌握了一項新技能。這張牌也可以代表人生的一個重大事件，比如大學畢業或退休。無論哪一種情況，它都代表這趟旅程非常成功，你應該為自己的成就感到自豪。

逆位 基本牌義

逆位世界牌說，你就快抵達終點了。只要再撐一下下，穿越障礙、克服眼前的困難，終點線就在前方。如果現在就放棄，過去這段漫長艱辛的旅程不就白費了，你能接受這個結果嗎？我想你之後可能會後悔，沒有好好堅持完成你最初設定的目標。這張逆位牌也有可能是在告訴你，需要再耐心等待一段時間。無論是哪一種情況，占卜中出現逆位的世界牌，我都會看作是一張好牌。事情現在還沒有結果，不代表最終結果不會到來；一定要堅持到底。

龍舌蘭酒義

如何為你的龍舌蘭酒之旅畫下句點？平常都是為了社交而在高檔龍舌蘭酒吧品嚐龍舌蘭。現在呢？要不要親眼見識一下龍舌蘭本尊的一生？一顆活生生的龍舌蘭，是如何一路走到變成龍舌蘭酒的呢？排個假期到墨西哥旅行，你就能在那裡認識龍舌蘭本人。你可以參加品酒會，甚至還可以自創龍舌蘭調酒配方。就以此作為最後一張世界牌，來總結你的這趟龍舌蘭冒險旅程。關於這款美酒，所有你該知道的資訊你都已經學到了，現在，你可以帶著正面積極的心情來回顧這段路程。

逆位 龍舌蘭酒義

又是一夜長醉，結果做了個非常刺激的夢。你夢到自己還是個大四生，已經考完期末考試，雖然都準備要畢業了，但你很怕畢不了業，因為還要繳交一篇論文，如果沒交出來，就拿不到畢業證書。然後你突然嚇醒，全身汗流浹背，感謝老天爺，還好只是一場夢！你不是已經從學校畢業超過十五年了嗎？這個夢讓你開始懷疑自己是不是真的已經成為成熟的大人。你該如何為過去做個了結，接受過去已經真的過去了呢？

神祕魔法配對

誰不想擁有全世界？什麼事情在阻礙你讓你遲疑不前？
當你生命的其中一個篇章走到盡頭，而你想繼續翻頁前
進，這杯酒就是你的魔法藥水。

備齊這款世界雞尾酒的材料後，列出一張表，把你生命
中已經完成或是讓你遲疑不前的事情全部寫下來。當你
調完這杯酒，開口暢飲之前，劃一根火柴，然後看著這
張清單上所有你不想要，以及已經不需要的東西全部化
成灰燼，讓它們飄散到空中消逝無蹤。以這杯酒代表改
變，以此儀式代表一個人生階段的終結。

仔細看著飄在酒液上方的那道薄霧，聞一聞果皮油釋放
出的香氣。暢快喝下這杯波特調酒，如同你淋漓盡致活
出你的人生！

杯型　　　　　　　雙份大古典杯

世界酒譜

1 1/2 oz. Angel's Envy 波本威士忌
（Angel's Envy bourbon）

1 1/2 oz. 肯巴利苦酒
（Campari ／金巴利）

1 oz. 安堤卡頂級香艾酒［安提卡芙蜜拉］
（Carpano Antica Formula vermouth）

1/2 oz. 芳塞卡紅寶石波特酒
（Fonseca Ruby Port）

柳橙皮，裝飾用
（orange peel；也可先用火炙燒過，作法參見第25頁）

✦

將所有材料倒入盛有冰塊的大攪拌杯中。順時鐘和逆時鐘方向各攪拌十二次，直到玻璃杯外部出現明顯的凝結水珠。濾掉冰塊，倒入盛有大立方冰塊或大冰球的雙份大古典杯。用手擰壓柳橙皮，讓果皮油噴附在酒液上，你應該會看到雞尾酒上出現一層薄薄的水霧。

小阿爾克那

THE MINOR ARCANA

× × ×

小阿爾克那牌是哪一款梅斯卡爾調酒？

每一個牌組都各有其屬性特徵與對應元素：

權杖牌組對應火象星座

牡羊、獅子、射手；勞動、精力能量、熱情。

聖杯牌組對應水象星座

巨蟹、天蠍、雙魚；情緒感受、愛、直覺。

寶劍牌組對應風象星座

雙子、天秤、水瓶座；溝通、行動、智力。

錢幣牌組對應土象星座

金牛、處女、摩羯；穩定踏實、務實、財務。

宮廷牌是哪一款卡薩明戈調酒？

宮廷牌包括國王、王后、騎士、侍者，在含義上通常較難解釋。因為它們既可以代表你生活中的其他人，也可以代表你自己的性格面向，或是你當時可能需要展現的特定性格特徵。那要如何判斷一張宮廷牌代表什麼意思？憑你的直覺。

ACE *of* WANDS

權杖王牌

基本牌義

這張充滿火熱能量的牌，說的是事物熱烈激昂的嶄新開端。你是不是有了什麼新點子？是不是對正在進行的事情懷抱興奮期待？占卜中出現這張牌，代表你可以輕鬆不費力地找到新工作或是展開一段新戀情，依你的問題而定。

逆位 基本牌義

逆位的權杖王牌同樣代表事情將有嶄新的開端，但可能會遇到一些阻礙，讓這股能量無法順利點燃。可能是你的新事業無法如期開張？或是寫作能量受阻，想不出來什麼有創意的點子。不過不用太擔心。王牌就是王牌，這股正向積極的火熱能量最後還是會爆發，只是可能沒有如你想的那麼快，需要再多等一點時間。

龍舌蘭酒義

權杖王牌代表一場早已計畫好的夜間活動，由你負責主持的一項工作任務或娛樂節目。你超級期待這件事，早已寫在行事曆上，可能是一場音樂會、第一次約會、或是去你從未去過的餐廳度過一個浪漫夜晚。

逆位 龍舌蘭酒義

原本晚上約好跟朋友出去，結果延期了，真是殘念。一場音樂會改期了，因為主唱喉嚨發炎。你轉念一想，要不要乾脆來個第一次約會？阿咧～為什麼那個調酒師這麼慢才把我的酒送上來？

神祕魔法配對

週六夜晚怎麼可以待在家！應該用辛辣香料和柑橘來揭開夜幕才對呀，城市的夜生活不就是該這樣好好浪費嗎？把你的朋友 call 出來，邀他們跟你一起去冒險。今晚，就讓你跟隨內心的欲望，走那條人煙稀少的小徑吧！這個充滿激情熱力的夜晚應該還要配上一杯調酒，藉它來好好吐露心聲，幫你打開那扇通往宇宙的新大門，引爆燦爛的火焰和火花！就從這裡展開你的旅程吧；小心別把舌頭燙傷就好。

上街鬼混之前，先邀三位朋友來你家。把雞尾酒調好，然後點四根紅蠟燭。四個人輪流，各自對著自己前方的那根蠟燭說出今晚的期待和願望。全部輪完之後，四人一起唸這句咒語：「我就是黑夜」（I am the night），然後各自將蠟燭吹熄。接著把調酒喝完，然後就可以好好出去享受一個難忘的夜晚囉！

杯型　　　　　　　　雙份大古典杯

權杖王牌酒譜

2 oz. 鬼椒龍舌蘭
（Ghost Pepper Tequila）

3 oz. 現擠橘子汁或柳橙汁
（fresh squeezed tangerine juice or orange juice）

3/4 oz. 紙牌屋紅石榴糖漿
（House of Cards Grenadine，自製配方如下）

✦

將龍舌蘭酒和果汁倒入盛有冰塊的大古典杯，攪拌均勻。最上層倒入紅石榴糖漿。

紙牌屋紅石榴糖漿

將等量的石榴汁和蔗糖放入小平底鍋中。開中火，邊煮邊攪拌到蔗糖全部溶解。關火。放涼靜置一夜，冷藏在冰箱可保存約兩個禮拜。

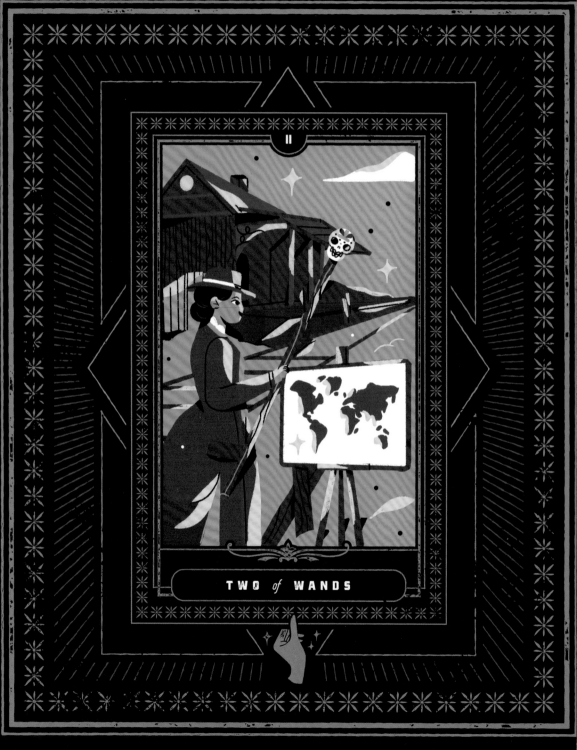

TWO *of* WANDS

權杖二

基本牌義

當權杖二出現在占卜牌陣中時，那就是在告訴你，請備妥幾個選項，然後好好研究一下擺在你眼前的這些機會。你現在精神元氣十足，對未來所有可能性都抱持極為樂觀的心態。這張牌的出現，代表你已經開始為一個新的想法或工作機會打下基礎，事情看起來前景可期。雖然尚未真正積極展開這項工作，不過，你知道必須做什麼事情才能獲得成功。你可能需要走出你的舒適圈，這是為了得到成功而必須付出的小小代價。

逆位 基本牌義

權杖二出現逆位，代表你現在心裡覺得有點不安，甚至可能對自己的能力起了懷疑。由於這種恐懼心理，你遲遲無法做出決定，你人生的下一步也因此必須暫時喊停。你擔心自己沒辦法跟對手競爭，因此卡在路途當中進退不得。沒有人會喜歡或希望自己的人生遲遲沒有進展。要對自己有信心，只要你有心要做，就一定會成功。

龍舌蘭酒義

你既聰明又有創意，鬼點子多到嚇人！你已經收到好多工作機會，接下來就是由你來決定最後要到哪裡任職了。是要選擇離家一小時車程的城市？還是去巴黎？你擁有無限可能，世界就掌握在你手中。現在你唯一要做的事情就是扣下扳機。今晚，為了好好大肆慶祝一番，把你那瓶收藏了好久的短陳年龍舌蘭好酒拿出來，交給它來幫你做決定吧！

逆位 龍舌蘭酒義

你到一家新開的熱門酒吧應徵了調酒工作。你已經通過第一輪篩選，現在老闆告訴你，有其他五名候選人要一起參加比賽，看誰能調出最好喝的瑪格麗特。你跟其他競爭者一起排排站在吧台後面，材料都已備妥，你卻猶豫了。當你看到其他競爭者端出來的酒，你突然開始質疑自己的能力。你應該要對自己有信心才對呀！過去你一直都表現得很好，老闆不就是因為這樣才找上你？你怎麼會懷疑自己的能力呢？逮就補啦！不要因為害怕就退縮！加油～

THREE *of* WANDS

權杖三

基本牌義

權杖三是我最喜歡抽到的牌之一！因為這張牌是一種預示，只要我們專心致志，就一定會成功。權杖三是每個做生意的人最想要在占卜中看到的牌。出現這張牌，代表你的能量非常飽滿，可以成就一番大事業。業務有機會不斷擴大，不只國內業績成長，甚至可能擴展到海外。只要記得一件事就好：當權杖三這張牌出現，無論你現在做什麼，你的事業都會蒸蒸日上，你想獲得的成就都會圓滿達成。

逆位 基本牌義

當逆位權杖三出現在你面前，請要有心理準備，在通往勝利的道路上，你可能會面臨到一些阻礙，或是成果會晚點到來。或許你最大的敵人就是自己？因為缺乏自信而不敢好好大幹一番？也可能是你工作不夠努力或夢想不夠遠大，以致願望無法實現？有些人對於權杖三逆位牌的解釋是，好事依然可成，只是在半路上稍稍被耽擱了而已。

龍舌蘭酒義

憑藉著毅力、努力和專注力，你順利從大學畢業，而且立刻找到你夢想中的工作。你的朋友認為那是你好狗運。但你知道，那是因為你非常堅持而且一心一意想要被這家公司錄用的結果。面試時，你的態度非常積極，完全展露公司老闆想要看到的那種對工作的專一投注性格。當朋友以一輪龍舌蘭 shot 來向你道賀，你知道自己的努力已經得到回報，隨之而來的是無數的機會。

逆位 龍舌蘭酒義

從大學時代開始，你就一直夢想有一天能跟朋友一起合夥開一家酒吧／餐廳。你為這件事做了很多努力，甚至用信託的方式想辦法找人一起合夥。雖然你已經把事情處理得井井有條，找合夥人這件事依然不順利，遲遲沒有進展。你覺得很挫折，這種沮喪和害怕的心情，讓你懷疑這個夢想到底會不會成真。你內心深處知道它會實現。但是，到目前為止，事情還是沒有結果。但願，事情能夠開始加速進展。

神祕魔法配對

為新創事業、新創公司或合夥關係喝酒慶祝，並非什麼不尋常之事。事實上，我認為這是很棒的想法！一方面是慶賀先前的辛勞努力終於得到回報，一方面預祝未來一切順利鴻圖大展。

如果是要預祝未來賺大錢，那就要確定你喝對雞尾酒。香檳不會有這個效果喔！你需要的是帶一絲辛辣和創意的酒款！這樣才能配得上你為了贏得這場勝利而付出的一切努力。

這款權杖三雞尾酒，非常適合生意人和企業家來品嚐，目標達成後與生意夥伴一起舉杯慶祝，這杯酒絕對是最佳選擇！單單用言語來慶賀成功是不夠的。如果你要賦予某樣東西更多力量，一定要用一個實體物作為象徵，然後把你的意念包在裡面，這樣它才能在物質世界中真正顯化出來。當你與合夥人一起舉杯，除了用言語互相祝賀之外，還要運用想像力，一邊觀想未來的勝利景象。然後開始大口喝酒，分三口把這杯酒全部喝完！

杯型　　　　　雙份大古典杯

權杖三酒譜

1 $1/2$ oz. 短陳年龍舌蘭（Reposado Tequila）

$1/2$ oz. El Buho 梅斯卡爾（El Buho Mezcal）

1 oz. 檸檬汁（lemon juice）

1 oz. 熱蜂蜜糖漿（hot honey syrup，自製配方如下）

黑海鹽，鹽口用（black sea salt）

檸檬皮細絲，裝飾用（lemon zest）

現磨黑胡椒粉，裝飾用（freshly ground black pepper）

✦

將所有材料跟冰塊一起放入雪克杯內搖勻。在小盤子倒一些黑海鹽。將冰鎮過的大古典杯倒扣在鹽盤上，做成鹽口杯。杯子裡放入一些冰塊，將調好的酒液倒入鹽口杯。最後用檸檬皮細絲和胡椒粉做裝飾。

熱蜂蜜糖漿

將 $1/2$ 杯熱蜂蜜、$1/2$ 杯水、1茶匙薑黃和1茶匙現磨黑胡椒粉放入小平底鍋中，用中火煮至完全混合。放涼靜置一夜，冷藏在冰箱可保存約兩個禮拜。

權杖四

基本牌義

權杖四是一張充滿歡樂氣氛的牌，預言即將有一場慶祝活動或與人共享成就／人生里程碑，比如會有一個浪漫假期來慶祝結婚紀念日之類的。這張牌也可以代表有人為你開一場派對，讓很多愛你的人全部聚在一起。每次這張牌出現在占卜牌陣中，我都好像看到幸福從裡面跳出來！如果你問塔羅一個問題，比如「對方會向我求婚嗎？」或是「對方會有興趣跟我交往嗎？」答案一定是「YES!」

逆位 基本牌義

當這樣一張美好的牌出現逆位，代表你和你的愛人計畫許久的特別小假期可能要延期囉！逆位的權杖四，可能代表事情會出現變化或不確定性，導致你的幸福可能暫時受到阻擋。不過，別害怕！最後陽光還是會露臉哦，只是時間可能稍有延遲。

龍舌蘭酒義

籌備了好幾個月的婚禮，終於來到最重要的一刻。你高興到幾乎坐不住，整個人非常激動！現在輪到伴郎致詞了，你終於可以稍微放輕鬆，坐下來重整精神。你以為他會爆出什麼關於你的糗事，或是講個笑話讓大家來取笑你。但是並沒有，你的朋友發表了一份感人至極的演講，搞得你跟在場所有人都熱淚盈眶。好棒的一場婚禮，身邊是你親愛的配偶，在場全所有人都真心愛著你們，祝福著你們的婚姻。是說，如果你堅持把敬酒的香檳改成尻龍舌蘭 shot，那會變成什麼場面啊？

逆位 龍舌蘭酒義

有對夫婦想去百慕達慶祝他們的結婚十週年紀念日，但似乎一直無法順利成行。他們的浪漫假期已經往後延了好幾個月。現在他們很擔心，這個假期可能永遠無法實現了。現在只能想像自己光著腳丫漫步在沙灘上、喝著美味的瑪格麗特，憑著這樣的幻想來度過無聊的每一天。但畢竟想像和真實還是有差距，他們還是期待能夠成行。讓自己困在日常生活的劇碼，最後真的是會沒完沒了。悟到這個道理，他們開始為那些不成理由的阻礙而大笑，最後終於訂好了行程！

神祕魔法配對

你是否計畫與某個特別的人一起去旅行？如果是，請提前備妥這款雞尾酒的材料。自製茴香利口酒需要十天時間，如果你不想臨時抱佛腳，那就現在趕快動手。

在你們週末出遊的前一天晚上，就可以先碰面，一起享用這杯魔法調酒。幫自己好好做個暖身。感受一下你們彼此的愛意，像第一次見面時那樣。在愛情的狂喜之中打開你的感官。澈底忘形其中！

摘下眼鏡，凝視對方的眼睛，大聲說出承諾，你們會以最最快樂的心情來度過共處的時光。然後親吻一下對方，當然，再多親幾下也無妨。

杯型　　　香檳杯

權杖四酒譜

1 $1/2$ oz. Papa's Pilar 蘭姆酒（Papa's Pilar Rum）

1 oz. 自製茴香利口酒（homemade Finocchietto Liqueur，配方如下）

1 oz. 新鮮檸檬汁（fresh lemon juice）

1 oz. 新鮮葡萄柚汁（fresh grapefruit juice）

$1/2$ oz. 蜂蜜糖漿（honey simple syrup，作法參見第59頁）

1 顆蛋白 [也可不加]（egg white）

2 顆茴香籽，裝飾用，也可不加（fennel seeds）

✦

雪克杯裝滿冰塊，放入所有材料然後搖盪均勻。將混合酒液濾入
不加冰塊的香檳杯中。如果你想加一顆蛋白打發的泡沫（我個人
希望你試試這個作法），最後可以在泡沫上放幾顆茴香籽做裝飾。

自製茴香利口酒

將10顆茴香籽加在 $1/2$ 杯月光酒（Moonshine）裡面，裝在密封保鮮杯裡靜
置十天。然後加入 $1/2$ 杯糖漿，再靜置一天。整個杯子拿起來搖盪一下。
恭喜！自製的茴香利口酒做好囉！放在冰箱冷藏可保存大約兩個星期。

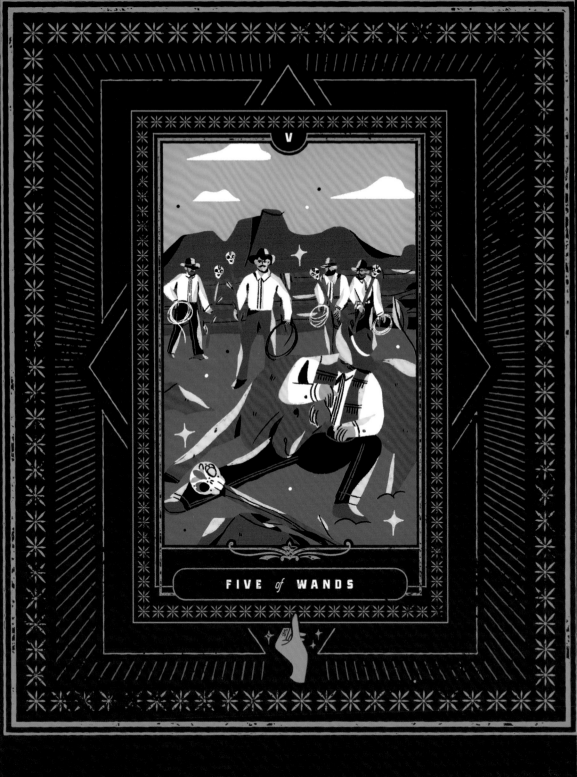

權杖五

基本牌義

權杖五是對於困難挑戰和競爭的警示。當這張牌出現在占卜中，請做好心理準備，事情可能會遇到阻礙。在達成目標之前，你一定會希望自己隨時備好能量來應戰。權杖五的出現，可能代表這一天不管你做什麼事情，都沒辦法很順利，或是，幾乎每一件事情、每一個人都一直要把你逼到極限，因此你必須讓自己的能力升級，才有辦法成為贏家。人生不順遂之事十有八九，這時候就需要靠毅力和能力來駕馭身邊的混亂情勢，讓它成為你的助力，而非阻力。

逆位 基本牌義

逆位的權杖五告訴我們一件事：前方道路確實會遭遇困難阻礙，但你絕不能冒冒失失一頭栽進去，而應該採取被動守勢，找出方法來避免掉這個衝突。逆位權杖五也是在問你，如果還有合作的空間，為什麼要跟對方拼個你死我活？或許該是停戰的時候了，好好坐下來各自退讓一步，而不是繼續爭輸贏。總之，在你做出可能會讓自己後悔的決定之前，請藉著這張牌，好好思考最佳的行動方案吧！

龍舌蘭酒義

有些人喝酒是為了逃避，但他們最後會發現，逃避只會帶來更多意想不到的問題。此刻，你的思維似乎不是那麼清晰，平常時候很容易應付的問題，現在因為喝了酒而變得很棘手，喝酒應該是一種負責任的歡喜行為不是嗎？你不該用喝酒來解決問題，或是讓酒精限制了你解決問題的能力。權杖五代表一種不穩定而且混亂的能量狀態；你不能因此亂了方寸！

逆位 龍舌蘭酒義

為什麼你的那群死黨好友都那麼喜歡爭輸贏？無論是打棒球還是想在酒吧認識女生，真是煩死人了。好像隨時都得讓自己處在備戰狀態，不覺得累嗎？大家一起成為團隊的一分子、一起合力工作不是很好嗎？為什麼老是要互相廝殺競爭？你想買一輪 shots 來跟人博感情，但結果是其他人也堅持要買另一輪，最後搞得全部的人都喝到醉醺醺。實在太遜了啦！

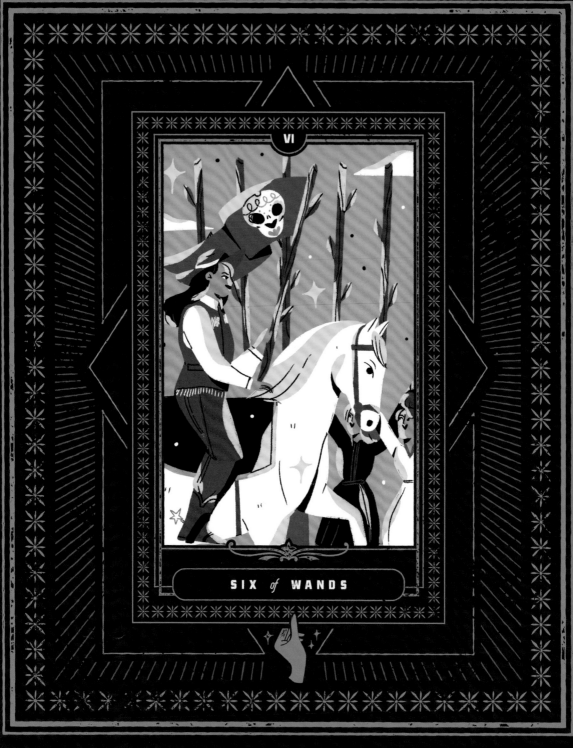

SIX *of* WANDS

權杖六

基本牌義

權杖六是一張為勝利和領導力喝采的牌。你剛剛贏得一場重大勝利，每一個見到你的人都因你的樂觀進取和人氣聲望而受到激勵。你因能力出眾而受到認可，也可能因此得到相應的回報。當這張牌出現在占卜牌陣中，不妨想想，你會如何面對你的這些成就，以及要如何應對周圍人們的眼光。這是你大放異彩的時刻，要好好把握！

逆位 基本牌義

權杖六講的是你在某件事情上得到成就與人氣聲望，而權杖六逆位則是表示你害怕自己在這件事情上會失敗和（或）失去眾人的寵愛。無論是因為太過驕傲自恃、心態悲觀還是遭遇重大失敗挫折，現在都是你重建個人聲譽的時候，在哪裡跌倒，就從哪裡爬起來。或許是因為你本應表現優異的事情受到公開羞辱，或是沒把那件事情做好。花點時間去了解，是什麼原因讓你失敗，試著從中吸取教訓。不要讓自己因此就受打擊。每個人偶爾都會有類似感受的時刻，放心，這種感覺通常不會持續太久。

龍舌蘭酒義

你不單單是一名酒吧侍者，你是一位貨真價實的調酒師！你多次出現在報章雜誌上，而且過去五年來，你踏踏實實站在吧台後面，憑著真本事為自己贏得名聲。你幫所有新進員工做訓練，連老闆都要聽你使喚。人們紛紛從各地慕名而來，想親眼一睹你的風采，看看你又發明了什麼新款調酒，而你總是不負眾望。那已不單單是一杯調酒，而是近乎藝術品了。你現在的成就地位，讓你成了眾人仰慕的對象。這並非表示你的能力需要公開驗證，但就算承認這件事，也對你沒什麼傷害就是了。

逆位 龍舌蘭酒義

昨晚因為打架而被趕出酒吧並不完全是你的錯。當然，你是為了幫某人出氣，但保鏢可不是這樣看的。他們看到的是你像野獸一樣跨過桌子一拳搥在某個笨蛋臉上。結果你就被踢出你心愛的酒吧，再也回不來了。真是太令人傷心，就因為這天運氣不好，你就整個名譽掃地，好想哭；你是真心喜歡這個地方，而且那邊所有的員工都認識你。你鼓足了勇氣，打電話跟酒吧老闆道歉。你說出你的看法，然後求他原諒你。老闆雖然有點不太情願，但還是答應讓你回來。看來，你會暫時乖乖的不敢再惹事一段時間。

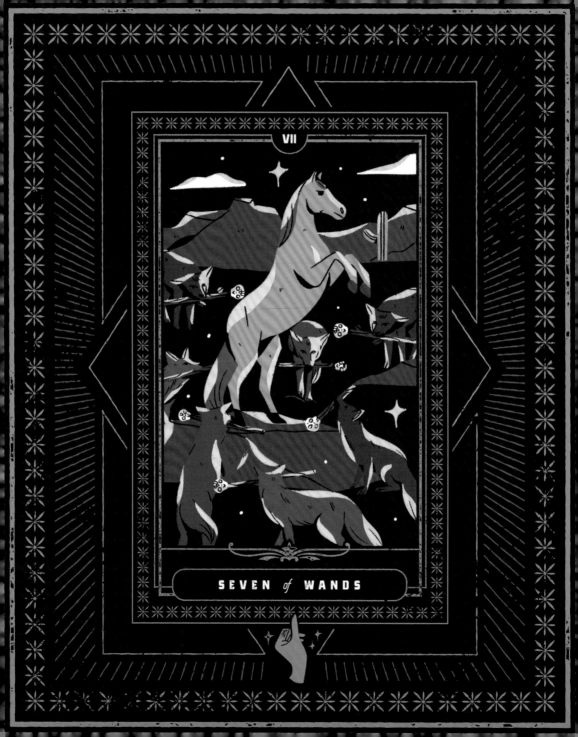

權杖七

基本牌義

權杖七這張牌的出現，代表你的權力地位會繼續受到鞏固；不過，當你成為群山之王、群龍之首，就需要做好準備，堅守你的陣地，抵禦外來想要奪位者的攻擊。這張牌講的就是保護自己和堅守防衛立場。你要記得，這時候你是站在制高點上，所有試圖將你拉下權力位置的人目前反而是處於劣勢。一旦你擁有別人渴望追求的東西，就必須時時刻刻處於備戰狀態來保衛自己。你必須擁有堅定的決心和無可動搖的意志力，才能守住你的陣地，而你也絕對沒問題。

逆位 基本牌義

跟正位的權杖七一樣，你的競爭對手或那些嫉妒你的人，一直衝著你發動攻擊。不過，由於你現在處於逆位牌的能量狀態，因此你心裡難免充滿不安，有一種想要放棄或想要認輸的感覺。你可能覺得自己還沒做好妥當準備來保護自己，或是感覺自己似乎愈來愈處於劣勢。有可能你因為準備不足和猶豫不決導致你認為自己會輸，但這只是你的個人感覺罷了，事實上，你的位置依然非常有力，跟對方比起來，你仍算是占上風。只要你確定知道你面對的敵人是誰，因為就算對方是你朋友，他一樣會覬覦你擁有的東西。

龍舌蘭酒義

你是當今市場上銷售排名第一的龍舌蘭酒商。因為運氣不錯，公司經營沒受到什麼阻礙。許多規模較小的商家以及一些靠著名人支持的公司，都覬覦你目前的地位，很想要超越你。不過，你擁有他們沒有的東西：你有豐富的經驗和家喻戶曉的品牌名字。從好的一面來看，你已經是這個行業的頂尖。壞的一面是，你再也無法讓自己輕鬆過日子了。

逆位 龍舌蘭酒義

當你和大家公認最具魅力又人氣最夯的調酒師約會，你感覺自己有點防衛或想要保有一點距離，那是絕對正常的。因為你懷疑每個人的眼睛都盯著你看、對你秤斤兩，你難免會胡思亂想。但這個時候你最不需要的就是自我打擊。不要讓那些無聊的人看出你很努力在壓抑心裡的擔憂和猶豫。那個人氣調酒師正在跟你約會耶！你應該好好把握機會，不該在這種時候退縮，或是讓你內心的不安輕易形於色。

EIGHT *of* WANDS

權杖八

基本牌義

當你感覺到你的生命進程似乎正在加速，那就是在權杖八的能量正在運作。這張牌講的就是正向積極的運動力量。可能是跟旅行移動或愛情方面有關，或是收到好消息。權杖八也可以代表你努力了很長一段時間的事情終於有了進展。可以期待的是，你的人生將會快速往前移動！想像一下，你就是牌面上的那些飛在半空中的權杖，正在快速往前移動。這就是權杖八給你的感覺。

逆位 基本牌義

逆位的權杖八可以有兩個完全相反的解釋。一個解釋是，你可能會遇到挫折、事情會延宕、人生進程變慢。另一個解釋是，你在時間緊迫壓力下倉促進行某件事情。你現在是不是已經對某件事情失去耐心或覺得身心疲憊不堪？你可能非常希望某件事情進行得快一點，結果卻反而讓自己精力分散，精神也變得很不穩定。當你出現這種感覺，你怎麼可能把事情完成呢？

龍舌蘭酒義

你最喜歡的龍舌蘭酒商正在舉辦一場競賽。你抓住機會參加；因為優勝者可獲得一次全額免費假期，到墨西哥參觀他們的龍舌蘭釀酒廠。你認為實際獲勝機率應該是零吧，沒想到卻收到獲勝通知「你中獎了！」事情的變化就像閃電一樣快速。這趟假期實在太棒了，唯一缺點是時間過得太快，感覺好像還沒開始就結束了。這個出人意料的好消息，確實就是你在面臨這段人生艱困期當中，最需要得到的東西。

逆位 龍舌蘭酒義

當你已經明顯喝到茫，你就沒辦法硬要強迫別人來理解你。因為你整個人根本糟到一塌糊塗，既傲慢又霸道。你開始大吵大鬧，變得非常不理性，口裡吐出的話也變得很難聽。你已經完全失控，整個人就像雷電交加，每個跟你接觸的人都會被彈開。或許你應該趕快回家，免得那些飛在半空中的木棍整個爆炸開來，把現場炸成一片火海。

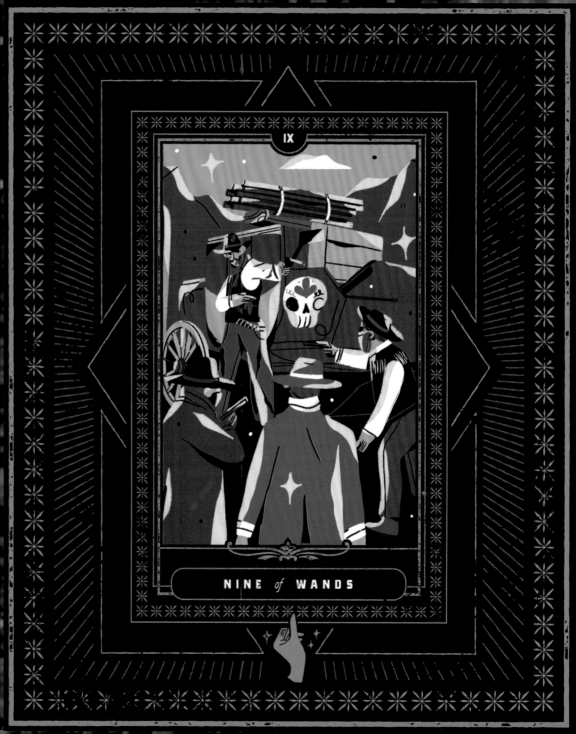

NINE *of* WANDS

權杖九

基本牌義

權杖九的意思是，過去這段時間的戰鬥即將來到終點，你要開始傾盡全力做最後的衝刺了。這張牌代表勇氣、奮力頂住和繼續戰鬥，就算前方可能遭遇極大阻礙。這張牌也代表你目前的情況，雖然你感覺自己力氣已經快要用盡，但你始終保有一口氣，告訴自己永不放棄。整場戰鬥已經走到這裡，你不斷提醒自己，終點線就快要到來，只要靠著信念和毅力再撐一下，就能度過最後一道難關。

逆位 基本牌義

逆位的權杖九教導我們一項功課：能夠讓我們往前走的唯一方法，就是放下過去、原諒自己和／或別人。不要再把精力浪費在已經過去的事情上。一旦你敞開心扉，重拾信任之心、讓自己重新去愛人，你眼前的阻礙就會大大減少。戰爭已經結束，而且早就結束好一段時間。你為什麼還在打仗？請讓自己往前走，讓自己好起來。

龍舌蘭酒義

你用了人生大半時光，最後才終於願意接受，或許自己可能有酗酒的問題。你終於決定要戒酒，而且也參加了聚會，期待有一天能進化成全新的自己。你是名酒場老兵，身上帶著無數戰鬥傷疤的動績。現在既然你已鼓起勇氣和信心要勇敢面對自己的問題，你就必須全力以赴，發揮你新開發的韌性。最艱難的一仗已經過去，現在是你展開新生活的時候了！

逆位 龍舌蘭酒義

你從來沒想過自己可以克服這道難關：原諒你最好的朋友跟你伴侶勾搭上這件事。你曾經度過一段悲慘的日子，不想讓自己走出去，也不想再相信任何人。那次的惡劣行為讓你失去了兩段寶貴的友情，這道情感的戰鬥傷疤已經深深刻在你身上，足為明證。你一直在跟自己的怨恨之心作戰，甚至整個人被怨恨吞噬。你的悲傷成了你的絆腳石，你無法讓自己往前走，重新去面對人生，直到最近出現轉機。你知道自己必須學會放手，必須接受這個事實，你無法掌控每一件事情，尤其是兩個人背著你做的那些事。

TEN *of* WANDS

權杖十

基本牌義

權杖十是很多人都能馬上理解的一張牌。這張牌的主要重點就是責任、自己一人承擔太多工作以及隨之而來的壓力。權杖十也透露了一個訊息：無論你的負擔有多重，你仍然繼續往前走。你可能沒有意識到這件事，但你的工作已經來到收尾階段。為了讓自己順利達成任務，或許你可以考慮一下事情的優先順序，把最重要的事情先完成。另外，為什麼你覺得這些重責大任都必須你一個人獨自承擔？你是不是認為，如果你不把所有需要做的事情擔下來，就沒有人會去做？或是，你覺得沒有人能跟你做得一樣好？

龍舌蘭酒義

講到辦趴這件事，幾乎所有朋友都很依賴你。你只能對自己笑笑，因為你自己也有意識到，好像從你懂事以來就一直扮演這樣的角色。你是不是有點控制狂？跟往常一樣，你還是提議這次趴踢由你全權負責，最重要的當然就是餐點的部分。當然，人們還是會問你是否需要幫忙，但你是絕對不會讓他們出手的。或許你私底下覺得，寧願自己一個人包辦會比較好掌控，即使那些多出來的責任和壓力確實讓你感到焦慮。

逆位 基本牌義

逆位的權杖十跟正位牌一樣，也是代表你已經讓自己負荷過重，但是造成的原因可能不太一樣。你的精力能量和注意力是否被分散在很多地方，以致你無法專心完成一項任務？人們是否一直勉強你做超出你份內職務的事情？或是你可能很難開口向人求助。這張牌的出現是在提醒你，如果你把太多事情都扛在自己身上，最後可能會全部半途而廢。不僅如此，當你忍耐一段時間之後，你會開始怨恨別人不幫你，而且可能會跟那些占你便宜的人切斷關係，不再和他們往來。

逆位 龍舌蘭酒義

你只是不想跟你朋友一樣每次都把自己喝到茫喝到醉，這並不表示你每次出去都喜歡被安排當司機這個角色。但是你的朋友似乎不再問你意見，也不管你是否願意，就直接預設你每次都會將這個責任一肩扛下來。你感覺非常不開心，開始思考如何不再與他們往來。或許你真正要做的是：堅定表達你的立場，誠實說出你的感受。同時你自己也要回頭想一下，你為什麼會讓自己陷入這種局面？

PAGE *of* WANDS

權杖侍者

基本牌義

權杖侍者帶來了鼓舞人心的好消息。這張牌可以代表你是創造力豐富、個性樂觀、愛好自由的靈魂，也可能代表你認識的人當中，某位具有這種性格特徵的年輕人。當你有了新的點子或新的靈感出現，快樂到想要大聲告訴全世界，這時候你可能就會抽到權杖侍者這張牌喔！這位帶有火元素能量的侍者，也可能代表過去曾經帶給你快樂的某件事情，只是不知什麼原因你中途放棄它了，現在，或許是你重新把它找回來的最佳時機喔！

逆位 基本牌義

很不幸，逆位的權杖侍者帶來的是壞消息。這張逆位牌也可能代表你因為優柔寡斷或是意願不夠強烈，導致計畫一延再延。任何事情，如果你突然覺得失去信心或動力，很可能就是受到權杖侍者逆位能量的影響。或者，也可能代表一個孩子因叛逆而做出的行為——比如只顧著玩，不想把心思放在課業上。

龍舌蘭酒義

有時候，你就只要乖乖上車，把車子開出去就好了，不用考慮太多！一個偶然的機會，住在其他城市的某個朋友邀你跟他們一起去旅行一個禮拜，你當然是滿懷興奮地回答說「好呀！」作為一個崇尚自由的靈魂，你只打包了一個小小的行李，裡面放了一支牙刷、一套換洗衣服還有一瓶龍舌蘭。你正好需要一次這樣的冒險旅行來刺激你的創意。那本拖了好久的書稿，說不定有機會完成囉！

逆位 龍舌蘭酒義

從大學或研究所畢業後，你就沒什麼動力專心去找工作，這讓你和你父母雙方都覺得不太開心，因為這表示你得搬回去跟他們一起住，直到你能重新打起精神，找到一份正職。也許你最近酒喝得有點多，你對自己覺得失望。無論這段消沉時間會有多長，你都要繼續保持信心，很快你就會找到新工作，踏上人生的新篇章。

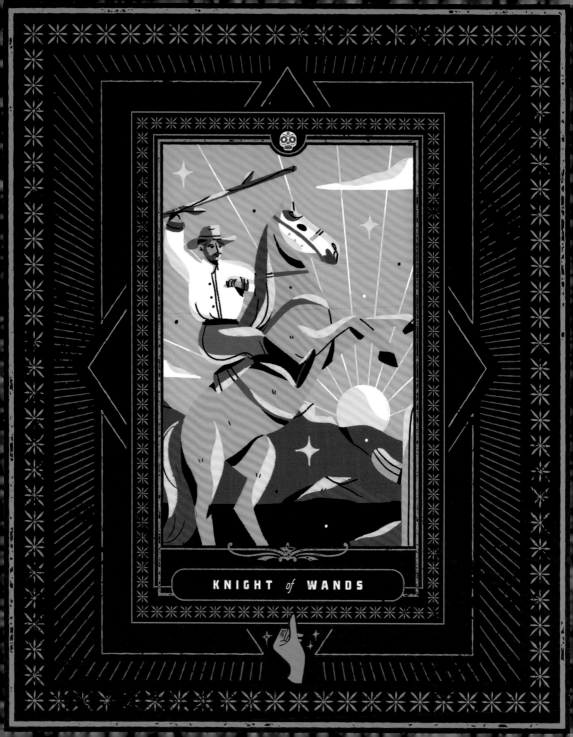

KNIGHT *of* WANDS

權杖騎士

基本牌義

當權杖騎士直直奔入你的占卜牌陣中，請做好準備，旅程要開始囉！無論是為了追求夢想，或者單純只是改變住所或轉換工作，懶散消極這件事都不可能發生在權杖騎士身上。權杖騎士這張牌代表的就是一個具有領袖魅力、熱情洋溢、個性火熱的人。他們敢於冒險，對朋友和摯愛的人忠心耿耿。這張牌讓我想到小熊維尼的好朋友跳跳虎——永遠有用不完的精力，雖然可能有點太過衝動，但他們的樂觀開朗個性彌補了這個小缺點。

龍舌蘭酒義

你剛好就是他們想要的人才，於是你決定去應徵這份工作。因為太過興奮緊張，結果你面試那天居然忘了帶履歷。你未來的老闆臉上露出震驚和難以置信的三條線，不過他還是很喜歡你。時間飛快，工作了將近一年，你深獲團隊成員的信賴，由於你個性樂觀積極，團隊裡每一個人，包括你的直屬上司，都很感謝有你加入。在你工作滿一週年的這一天，他們送給你的一瓶珍貴的陳釀龍舌蘭，由此就足以證明，你確實深受大家的認可。

逆位 基本牌義

這位逆位的權杖騎士，個性可能非常魯莽躁進，通常在行動前（如果有行動的話）很少會把事情想清楚。他可能有點不太可靠又沒什麼耐心，坦白說，就是非常自戀的人。如果有人想多了解一點他們正在交往的對象而來問卜，結果抽到這張牌，那我會提醒這個來問卜的人，對方可能只是為了找點樂子而跟你交往，他並沒有很認真看待你這個人或這份感情。如果這張牌是代表你自己，然後你抽到這張牌，那表示你應該把眼光拉回到自己身上，好好深入了解一下，到底是什麼問題在阻礙你或是讓你裹足不前。說句公道話，有時候，人們會比較喜歡穩定穩重的能量，而不喜歡個性飄忽不定的人喔！

逆位 龍舌蘭酒義

你非常渴望穿上金光閃閃的盔甲，成為她的閃亮騎士，但問題是，她已經有對象了，而且那個人一點都不閃亮耀眼。事實上，他的盔甲滿是灰塵，他的行為表現也是。你心裡很納悶，到底她是看上他哪一點？你看得出來，那男人並沒有真的關心她，他只關心自己，只想追求眼前的滿足、及時行樂而已。你暗自這樣想：總有一天，你會鼓起勇氣去追求她。前提是你要確定，她會喜歡這種大膽的行為。

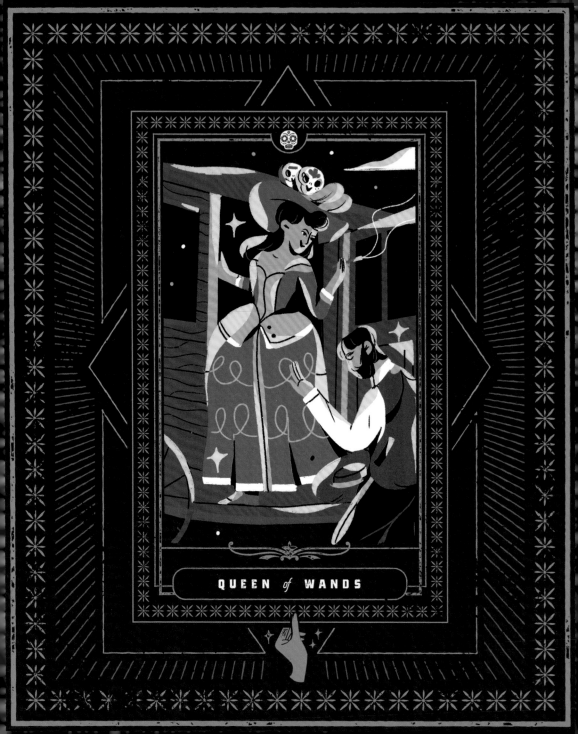

QUEEN *of* WANDS

權杖王后

基本牌義

權杖王后是一位個性堅強又非常熱情的女性（或男性），在她身上你可以看到，一個有影響力的大人物所具備的一切特質。權杖王后是很多人夢寐以求的結婚對象！她就像一座盡職的燈塔，對你散發光亮和熱情，永遠不會倦怠。如果你的占卜牌陣出現這張牌出現，那表示你目前各方面都發揮得非常好。無論是婚姻感情或是工作方面，任何事情你都能處理得妥妥當當，而且得到身邊人的喜愛。與其說你的屬下怕你，倒不如說，你是他們心目中既威猛又盡忠職守的領袖。

龍舌蘭酒義

你很清楚，很多餐廳都是優缺點並陳。在這種特殊地方，食物好不好吃有時是靠運氣；但是，服務員的服務品質絕對是一流的。他們不僅會迅速幫你送上一杯龍舌蘭，而且真誠的服務態度會讓你感覺賓至如歸。或許有人會認為他們是為了拿到更多小費，但你不這麼認為。你心裡非常清楚，一位服務員對客人是否真誠，是無法硬裝出來的。

逆位 基本牌義

當逆位權杖王后出現，請要有心理準備，凡事最好謹慎為上。正位權杖王后的所有反面特質，逆位權杖王后全部都有。如果她是擔任領導者角色，那麼她可能不太會把意見表達出來，她會選擇一個人把事情扛下來，而非帶領整個團隊去完成任務。也許目前這段時間他們被自己的事情困住了，以致沒辦法有足夠的精力去關心別人。也有可能，這位逆位王后對於先前原本非常在意的某個人或某件事情，現在可能沒那麼關心了。另一種解釋是，這是一位競爭戰鬥心很強的王后，他們甚至不介意別人畏懼他們勝過喜歡他們。

逆位 龍舌蘭酒義

你那位權杖王后女友，每次只要一喝酒個性就會一百八十度大轉彎，變得有點麻煩。她根本沒辦法好好待在舞池裡，但你又超討厭自己必須時時刻刻盯著她。她完全不信任你，但上帝又不准你去質疑她的動機。有時喝了酒就變得很愛爭辯，還有，坦白說，就是有點喜歡亂講話騙人？不，這樣講可能有點太超過了；但八九不離十啦……最糟的是，她並不是一直都這樣。只要她不喝酒，你敢打包票，她絕對是你認識的人當中最可愛的。但每次只要喝了酒失控，你就會質疑這段關係是否還要繼續下去。

神祕魔法配對

我們都走在邁向成長與成就的人生旅程中。旅途上難免遭遇困境，因此經常對自己的能力產生懷疑。如果想要自我提升，不妨試著想像一下，你想成為什麼樣的人，然後將這個形象牢牢記在心裡。具領袖魅力、為人慷慨大方、個性獨立又有自信，這些人格特質你都早已具備。只要相信自己，你就會是這樣的人！

這是一款會勾起你內在真實渴望的雞尾酒。柑橘的香甜與辛辣對比並陳，微妙提醒著你，你確實就是一個全身上下充滿活力與動能的人。像蜂蜜一般香甜可親，像墨西哥辣椒一樣嗆辣有勁，亦像梅斯卡爾的泥土氣息那樣腳踏實地。你就是層次如此豐富的一個人沒錯！除了外表之外，也讓世人見識一下你豐富的內在吧！

搭配這款調酒一起服用的儀式如下：

播放一首讓你感覺力量強大的歌。
穿上一件讓你感覺美麗帥氣的衣服。
一邊喝酒，一邊讓自己沉浸在這感覺中。

緊緊抓住那一刻你所感受的一切。當這三樣東西給你的感覺到達頂點，快要超過你所能承受範圍時，請對著宇宙大喊：「我就是權杖王后！」

杯型　　　　　　　　　淺碟型香檳杯（coupe glass）

權杖王后酒譜

1 ¹/₂ oz. 墨西哥辣椒龍舌蘭
（Jalapeño-infused Tequila）

¹/₂ oz. El Buho 梅斯卡爾
（El Buho Mezcal）

1 oz. 覆盆子杏仁蜂蜜糖漿
（Raspberry almond honey syrup，
自製配方如下）

2 oz. 現榨檸檬汁
（fresh lemon juice）

¹/₂ oz. 鷹嘴豆水，打發泡沫用
（garbanzo bean water）

1 顆覆盆子，裝飾用
（raspberry）

✦

雪克杯裝滿冰塊，然後倒入所有材料。用力搖盪均勻，濾掉冰塊，倒進不加冰塊的淺碟型香檳杯中。最後用一顆帶刺的覆盆子做裝飾。

覆盆子杏仁蜂蜜糖漿

平底鍋裡放進1品脫（約16盎司）覆盆子，加入 1 杯水和1杯蜂蜜。開中火，一邊煮一邊攪拌，把覆盆子煮到軟爛。轉成小火，然後加入2滴杏仁精和1滴香草精。關火，將煮好的糖漿倒入雙層濾網中濾掉籽渣。放涼靜置一夜，冷藏在冰箱可保存約兩個禮拜

小阿爾克那 ———

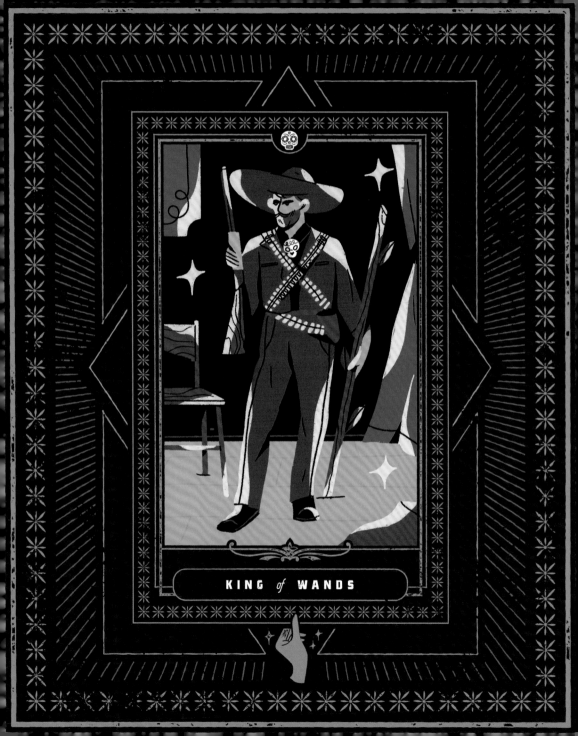

KING *of* WANDS

權杖國王

基本牌義

權杖國王這張牌，可說就是權杖牌組正向積極屬性的完全體現。他們是天生的領導者，既擁有遠見又具備真正的企業家精神。他們就是那種永遠創意無限、鬼點子用不完的人，因此在自己的領域都能擁有極大成就。無論男性或女性，每一個人都渴望成為這樣的人。他們不僅非常照顧自己的家庭和家人，甚至也把工作上的同事當作家人看待。在權杖國身邊，你會感覺非常自在，而且你知道，你可以把最重要的事情交代給他們，因為他們就是那種可以讓人完全信賴的人。

龍舌蘭酒義

你今天回絕了一份工作機會。在你百般思索之後，你還是沒辦法離開你現在的這位經理。當然，你不會為了他而耽誤自己的大好前程，但他確實就是一個值得為他賣命的好人。他是一位為人寬厚又真誠的領導者，擁有無限的創意和活力，而且能夠感染身邊的人。坦白說，他真的很會鼓勵人，不僅如此，每次當你和其他同事業績達標時，他還會買一瓶好酒來幫大家慶祝呢！

逆位 基本牌義

逆位的權杖國王，比較像是精明但卻不太成熟的獨裁者，而不是一個寬厚又鼓舞人心的上司。對於什麼叫作「有效管理」，他們的概念跟你喜歡的那種領導者剛好完全相反。只要事情不順他們的意，他們就會大發雷霆；他們狂妄自大到什麼程度？就是甚至連你出現在他面前他都不會看你一眼。如果占卜牌陣中出現權杖國王逆位，但是你的上司或配偶明明就是很好的人，那麼，這張牌可能就是代表你自己內在性格的某個面向，需要好好去面對和處理。你可能對人沒什麼耐心，或是需要多提升一點對別人的同理心。無論是哪一種情況，你都可以藉著這張牌（或任何一張逆位的宮廷牌）來自我反省，看看自己是否有些什麼事情需要改進。

逆位 龍舌蘭酒義

公司的聖誕趴絕對是一年的重頭戲之一。整場都算讓人滿意，除了其中一段插曲，那位男性執行長喝茫了就開始找每一位女性部屬麻煩。他先是自己尻了一堆龍舌蘭 shot，然後逼他的部下也要跟著他這樣做。看到這種不成熟又傲慢的表現，你不禁在想，星期一到底還要不要進公司。除了這種幼稚行為之外，平常他就是一個會開口對部屬惡言怒罵的人了。

小阿爾克那 ｜ 權杖國王 ｜

聖杯王牌

※※※※※※※※※※※※※※※※※※※※※※※※※※※※※※※※※

基本牌義

真正的愛乃是由內而發。聖杯王牌圖面上的那座噴泉，象徵著我們內心情緒感受力的復甦。你感受到愛在你的心中流動，喜悅也因此油然而生。聖杯王牌可以代表一份嶄新的、正在綻放的愛，無論是愛情或友情。也可以代表一個新創意點子的誕生、一個小孩出生或是訂婚。如果你問的是關於愛情方面的問題，那麼這張牌給你的答案是：「YES」。

逆位 基本牌義

逆位的聖杯王牌對你拋出一個問題：你是否允許自己對可能出現的愛保持敞開呢？或許因為前一段感情的經驗，讓你度過了一段非常辛苦的日子，但現在你已經做好準備，可以重新上路了。幸好，這段時間你有好好照顧自己，已經讓自己從過去的情感傷害當中走出來。當逆位的聖杯王牌出現在占卜牌陣中，代表你一樣會得到你原本應得的東西——只是可能會比你預期的需要更多時間。

龍舌蘭酒義

誰說不能用龍舌蘭來敬酒？為什麼一定要用香檳？任何特別的場合，那值得你把最好的龍舌蘭拿出來慶祝，這種時候就是「聖杯王牌」出場的時刻。結婚、孩子出生或是浪漫的週年慶，這些值得紀念的日子，最能代表聖杯王牌魔法能量的展現時刻。

逆位 龍舌蘭酒義

既然不是真心想要進入一段新的關係，為什麼要去跟不認識的人約會？結果你還是去了，手裡端著一杯瑪格麗特，漫不經心跟對方搭話調情。雖然看起來你們都跟對方聊得很開心，但你心裡很清楚，你根本還沒有準備好要跟人約會。慘了，因為你看得出來，這個人是值得交往的好對象。但是，他／她會等你完全從過去的感情走出來嗎？你會請對方等你嗎？

神祕魔法配對

誰不想跟人建立感情？誰不想要一段感情裡面有滿滿的
愛、關懷和信任？這難道不是我們每一個人原本就該擁
有的東西嗎？

想像一個畫面，你漂浮在平靜的湖面上，眼睛看著天空
的白雲。你開始看到一些影像，彷彿漂浮在夢境中，一
下在這裡、一下到那裡，無處不在，隨處可去。你是大
自然流動的一部分，你想要體驗這一切。

一邊調製這杯聖杯王牌雞尾酒，一邊呼吸著薰衣草琴酒
的芬芳氣味，讓自己澈底放鬆下來。在舌頭上滴一滴蜂
蜜糖漿，當作一個好玩的象徵，未來會有甜蜜的好事發
生。冥想那朵象徵萬物復甦的美麗蓮花，讓它把你的信
心帶到嶄新層次。今晚，就以這杯調酒來激發你心中的
愛吧！不妨跟喜歡的人一起喝這杯酒，讓它來發揮魔力。

杯型　　　　　高腳杯

聖杯王牌酒譜

1 $1\frac{1}{2}$ oz. 薰衣草琴酒
（Lavender-infused Gin）

3 oz. 蓮花冰茶
（Lotus flower iced tea，自製配方如下）

5 oz. 柚子蜂蜜糖漿
（Yuzu honey syrup，參見第63頁）

4 片新鮮薄荷葉，撕碎放在手中拍打
（peppermint leaves）

1 小枝新鮮薄荷，裝飾用
（fresh mint）

❖

雪克杯中放入冰塊，然後倒入所有材料，蓋上蓋子，搖盪均勻。濾掉冰塊，將酒液倒入高腳杯，最後用一小枝新鮮薄荷枝做裝飾。

蓮花冰茶

將 2 杯散裝蓮花茶葉放在粗棉布裡包起來，包好後放入裝有 4 杯水的平底鍋煮沸。關火，放涼靜置一夜，冷藏在冰箱可保存約兩個禮拜。

小阿爾克那

▼

TWO *of* CUPS

聖杯二

基本牌義

這是一張講述夥伴關係、人際關係以及新戀情的好牌，聖杯二的能量將雙方聚合在一起，無論是透過愛情、工作還是友誼。占卜中出現這張牌，代表你準備要與人建立一種深及靈魂層面的連結——是一種帶有熱烈情感、能夠彼此合作與信賴的結盟關係，而且會持續一段很長時間。

逆位 基本牌義

看到這張美好的牌呈現逆位，代表你現在還沒準備好接受別人給你的愛。這張逆位牌也可以代表雙方因為爭執或關係不平衡，而導致拆夥或分手。有時候，逆位的聖杯二也意指你在阻止自己表露感情，而且不允許任何人進入你的心。有時候也可能代表你把感情放在錯誤的人身上。

龍舌蘭酒義

好朋友為你調製了一杯特別的酒。他們完全清楚你喜歡什麼樣的口味，而且在調酒時會一邊想著你。這也可能是別具意義的一晚：你和情人在外面的餐酒館裡，為你們彼此的堅定感情舉杯。在這樣的夜晚，你們感受到彼此之間的親密，知道自己找到了世上最美好的朋友，一起舉杯共飲這杯世上最美好的酒！

逆位 龍舌蘭酒義

那天晚上喝了酒之後，你和一個好朋友就從此分道揚鑣。可能是因為你酒後胡亂告白，而對方根本沒有回應。有時候，我們就只是順著自己的情感向對方表露，結果事情卻整個失控了。現在只祈禱你們兩個人都很健忘，不會想起昨天晚上那個超級尷尬的時刻。

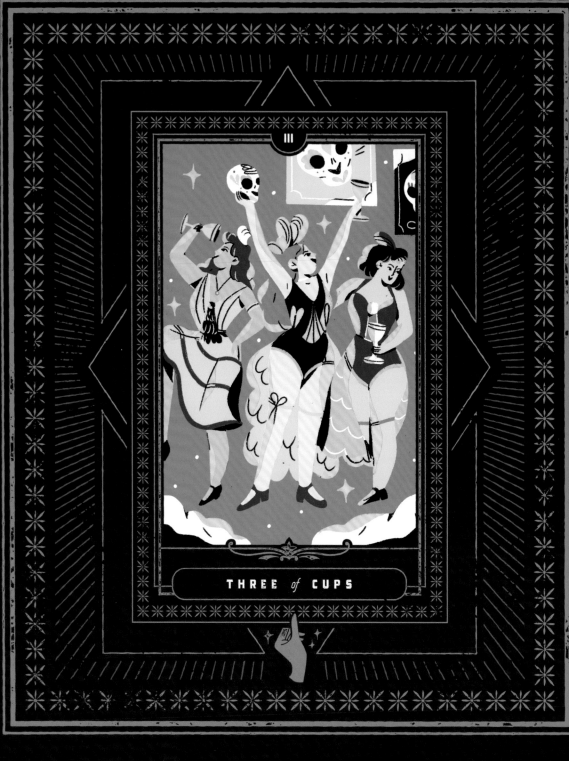

THREE *of* CUPS

聖杯三

基本牌義

塔羅牌當中有好幾張歡樂慶祝的牌，這張就是其中之一。聖杯三的出現是在告訴你，你擁有這世間最美好的朋友情誼。它也可能代表，你近期會在一個慶祝活動上跟一群好朋友相聚。他們是你真正的朋友！是一路支持你的人。無論遭遇困難或是感到悲傷，你都能放心依靠這些人。有他們在，一切都沒問題。

龍舌蘭酒義

又到了星期五晚上，這個禮拜的工作似乎特別漫長。今晚你超級興奮，因為又能和你的那群死黨一起出去鬼混了。你很開心知道自己有一群死忠的朋友，無論發生什麼事，他們都會在你身邊看顧你。你若是不小心喝得太醉，開始變得很「盧」，他們也完全能接受你的那一面。而且，你永遠不必在隔天早上對他們說抱歉。

逆位 基本牌義

有時，好事多到過頭，反而就變成壞事了。逆位的聖杯三就是在講一種「有毒的」關係，或是，你感覺自己好像是別人的「電燈泡」。另一種可能是，你原本認定的「所謂朋友」，這段時間讓你感覺被他們冷落了。聖杯三逆位的出現也可能是在問你，你究竟從這段關係裡得到了什麼？它有帶給你快樂嗎？如果沒有，那你為什麼還緊抱這段感情不放？

逆位 龍舌蘭酒義

跟過去一樣，你又跟你那群死黨在酒吧混了一個晚上。你喜歡有他們作伴，但你又覺得自己在那裡好像有點怪怪的。他們一直自顧自談著他們最愛的伏特加，只有你一個人晾在一邊，手上端著你的瑪格麗特。你知道時候到了，或許該去找一群新朋友了，但你又不想棄他們而去，更不想自斷後路。就先順其自然吧，反正船到橋頭自然直。

神祕魔法配對

可與朋友一起暢飲的酒，就是充滿關愛的酒。不如讓我們用這款潘趣雞尾酒，來祝福我們生命中這份珍貴的友誼吧！歷久彌新的友情，對每個人都很重要，值得我們好好珍惜。

順便利用這次機會，為你們之間的友情做個小小的祝福儀式。三個人圍成一圈，順時針方向輪流把調好的酒倒進杯子裡。而且每一個人都要輪流說出他們對右邊那位朋友的感覺。輪到你倒酒時，就由你朋友來說說對你的感受。對方有什麼值得你珍惜之處？回想一下你們過去彼此陪伴的時光。有沒有一起做過什麼月光魔法？你們之間的感情比琴酒還濃烈嗎？你們願意為對方付出什麼？你們會向對方要求什麼？一起舉杯，祝福你們的友誼，然後痛快大口暢飲！

杯型　　　　　紅酒杯

聖杯三酒譜

2 oz. 檸檬汁
（lemon juice）

1/2 條黃瓜
（cucumber，切片）

6 到 8 顆 覆盆子
（raspberries）

1 把新鮮薄荷葉，撕碎
（fresh mint）

1/2 oz. 皮姆一號香甜酒
（Pimm's No. 1）

1 oz. 亨利爵士琴酒
（Hendrick's Gin）

1 罐檸檬汽水
（lemon soda）

1 罐蘇打水
（seltzer）

◆

將果汁、水果和薄荷葉放進60盎司（約1800ml）的玻璃罐中，
先將水果搗碎，然後加入冰塊。再倒入皮姆一號和琴酒，用木
匙攪拌均勻。加入檸檬汽水和蘇打水，加到滿。再攪拌幾次，
讓所有材料充分混合。最後倒入紅酒杯或小玻璃罐中。

FOUR *of* CUPS

聖杯四

※※※※※※※※※※※※※※※※※※※※※※※※※※※※※

基本牌義

聖杯四提醒我們要去看清楚自己真實的內在。我們是否珍惜當下擁有的一切？還是認為一切都是理所當然？這張牌告訴我們，別人家的草未必比較綠；千萬不要「這山望著那山高」。如果我們一直期待那些永遠不會發生的事情，那就是在浪費寶貴生命。為什麼？因為我們的願望可能不切實際。在每天的繁忙生活中，不妨抽出一點時間，想想你所擁有的一切，體會一下自己有多麼幸福。

逆位 基本牌義

逆位的聖杯四在提醒你，請暫時放下悲觀情緒，去欣賞你所擁有的一切。事實上你手中掌握著新的契機，但是你看不見。或許因為過於自戀或固執，讓你沒辦法真正看到，你現在的處境其實比你想像的還要好。聖杯四逆位牌要教導我們的另一項功課是，不要只看著自己失去的東西，卻對現在已經擁有的一切視而不見。

龍舌蘭酒義

你盯著眼前那杯長陳年龍舌蘭，開始反問自己，我真的快樂嗎？有時在喝酒或社交場合，我們會變得有點提不起勁，對自己在這世上的重要性似乎已經不再抱有幻想，於是我們選擇獨自走開，一個人去反省。念頭不斷在想像的問題上打轉，使我們心思散亂，無法真正去感受當下……原來我們已經很幸福！

逆位 龍舌蘭酒義

你顯然已經喝到過頭、喝到醉茫茫了，居然完全錯過身邊正在發生的好事。你朋友在向你介紹他認識的一位美女耶，可是你整個腦子充滿負面想法，根本沒發現自己身邊就有一個新的戀愛對象。有時候，喝了酒反而會讓你情緒更加低落。你應該讓自己動起來，去擺脫這種怯懦的心理。新的機會在你身邊比比皆是——問題在於你能不能張開眼睛看到它！

FIVE *of* CUPS

聖杯五

基本牌義

聖杯五知道你過去這段時間真的活得非常辛苦。可能是因為失戀，可能是發生了一些讓你絕望和遺憾懊悔的事情。你腦海裡面滿滿都是孤獨和痛苦的感覺，你沉浸在悲傷中無法自拔。如果你有用心去看，或許就會看到生命中還是有好的事情發生，但你現在似乎很難讓自己樂觀起來。你必須用新的眼光去看待這個世界。時間是最好的醫生，他會治癒一切。

龍舌蘭酒義

雖然喝酒會讓人開心，但有時卻恰恰相反。就算是閨蜜死黨，也可能因為搞不定要去哪家酒吧續攤或是因為愚蠢的惡作劇行為而打起架來，翻臉不認人。如果是你遇到這種事，你會怎麼做？打電話跟對方道歉？還是等你的朋友先來向你鞠躬？如果你還處在聖杯五的能量中，那表示你可能還沒有準備好跟對方和解。你可能仍然因為對方說過的話或做過的事而感到心痛，傷口還在流血。這些事情對你們的友誼絕對是一記重傷。但不管發生什麼事，都請盡量心懷盼望；這些不好的事情都會過去。

逆位 基本牌義

逆位的聖杯五出現，代表最壞的情況已經過去了，你終於開始踏上復原之路。你在情感上已逐漸成熟，也對未來滿懷希望。祕訣就是放手，不要讓自己陷入厭倦的情緒中。你可能還是會有點失意沮喪，沒辦法將過去一切全部放下。沒關係，這還在你能控制的範圍內。看看這張圖，畫面中有兩個杯子沒有翻倒，代表你心中還有愛，只不過它的價值有時被低估了、被忽視了。讓這些杯子重新注滿光亮，然後好好珍惜它們。

逆位 龍舌蘭酒義

昨夜不管發生什麼事，你都要原諒和放下。現在不該讓自己緊緊抱著那些痛苦不放，而是該展現你的成熟度，不去在意那些事。人有時酒一喝多，講話就會變得非常刻薄，那些話會把人傷得很深，讓人很難忘掉。所以，在事情變糟之前，趕快把它忘記，不要再放在心上。我敢跟你保證，不用一、兩個禮拜，你就會跟那個讓你現在痛苦得要死的人又一起乾杯喝酒了。

聖杯六

基本牌義

這張可愛的牌，透露出滿滿的美好快樂回憶。你生命中有什麼事情讓你如此念念不忘？是不是過去一位跟你很親近的人最近出現了，讓你懷念起那個天真、單純的青春快樂時光？沉浸於過去，或許可以讓你找到短暫快樂，但我們唯一擁有的是「現在」，把那麼多時間花在緬懷過去，實在不算太聰明。這張牌的出現，也可能代表你一直還在期待某個人來對你表示感謝或是來向你道歉。

逆位 基本牌義

正位聖杯六談的是跟你的過往經驗重新聯繫，而逆位的聖杯六則是在提醒你，不要讓自己困在那裡。這張牌可能意謂著你對過去某些行為感到懊悔，而且對自己犯下的錯誤念念不忘，困在那裡走不出來。我們都認識那個從 1995 年開始就一直穿著皮夾克不願脫下的人，對吧？當你的那位朋友因為無故被分手，而久久無法走出那段失敗感情的陰影，你一定也會為他覺得感傷吧！逆位聖杯六的能量可能會阻擋我們往前走，如果我們放任自己一直這樣下去的話。

龍舌蘭酒義

聖杯六可能代表一場高中或大學同學會，你有機會跟老朋友一起喝酒、重新聯繫彼此的感情。也許，你現在是單身，而那位曾經讓你苦苦思念的人現在也是單身呢！你會好好把握這次機會讓你倆重新在一起嗎？感謝龍舌蘭！讚嘆龍舌蘭！一切不用多言，才不過幾分鐘，你們就彷彿回到大學時代，二十一歲那年的青春感覺再次躍上心頭！

逆位 龍舌蘭酒義

拿著假身分證進入酒吧的未成年青少年，就是逆位聖杯六的一種寫照。一輩子都活在你大學時代的那座城市，代表你害怕往前走、去面對未來的人生。或許你是因為還沒跟一位老朋友道歉賠不是，而不願離開那個地方。那，究竟怎樣才算真心道歉呢？很高興你問了這個問題——當然是送龍舌蘭酒啊！

SEVEN *of* CUPS

聖杯七

基本牌義

這是一張代表猶豫不決的牌。有很多選項供你選擇是好事。不過,聖杯七要提醒你,選項太多有時反而讓人做不出選擇。原因在於,你還未準備好要根據目前現有的資料做出任何決定。很可能你對所有選項都還存著幻想。你讓自己陷入一種錯覺,以為還有很多其他可能性存在,結果到最後什麼都選不出來。如果你現在面對的是一種艱難抉擇,那麼當然是不要倉促下決定。但是,如果只是要你從菜單或酒單上挑選你想吃的東西,那就別想太多了吧!並不是每一件事情都值得你花那麼多心思去考慮。

龍舌蘭酒義

到目前為止,這間酒吧應該算是你所去過的龍舌蘭酒吧當中最棒的一間。炸玉米餅超好吃,小菜更是必點!你剛剛喝完一杯辣口的瑪格麗特,現在還在想,到底下一杯要喝什麼。酒單上有二十多種選項,每一種看起來都好好喝喔。顯然你不可能在一個晚上全部喝過一輪。到底該喝哪一種好呢?喂喂!哈囉～這只是一份雞尾酒單;不會因為你選了哪一種酒,你的人生就從此變了樣好嗎!幫幫忙,不要給自己找麻煩,你朋友也已經等得不耐煩了,趕快選一個吧!

逆位 基本牌義

猶豫不決的日子已經過去了。你停滯了很長一段時間,現在終於下定決心,要以堅強的意志做出明確決定。逆位的聖杯七也可能意指,明明知道自己該做決定,卻一直逃避不想面對。你一直在拖延,希望事情會自己不見。有時,你因優柔寡斷而不知所措,結果只能帶著孤注一擲與不得不的心情,勉強逼自己做出選擇。

逆位 龍舌蘭酒義

在人生得意順遂之時,我們的選擇非常多。從一家酒吧到另一家酒吧不斷續攤,酒不離手,身邊人來人往。何苦單戀一枝花,把自己定在一個人身上?你花了一個小時來決定到底今晚該穿什麼衣服,你現在又要花多少時間讓調酒師為了等你從酒單上選出一杯酒,等到快要抓狂?拜託,不要把時間浪費在無謂的小事情上。不要用你的猶豫不決來作為幻想和逃避的一種方式。如果你不確定自己到底要什麼,那何不隨性一點,聽聽你心裡真正的聲音呢?答案可能就在你眼前。

聖杯八

基本牌義

聖杯八這張牌講的是關於「離開」這件事。你已經來到人生的一個轉折階段，你想要去尋找更深刻、更接近靈魂的目標。人生走到這裡，要真正放下過去確實不容易。你過往努力建造一道情緒的高牆來當作避風港，現在你想將它推倒，甚至覺得只要能離開那裡就好。聖杯八說，你可以儘管去追求你想要的人生。別擔心這樣做會讓那些被你拋下的人失望。他們很可能早已看見你內心起了變化，也知道這一天必然會到來。接下來你唯一要做的就是，盡情擁抱未知的人生，活出淋漓盡致的新生命。

龍舌蘭酒義

你有辦法停止已經持續了很長一段時間的癮酒人生嗎？一位朋友邀請你跟他們一起展開高強度飲食法，來幫自己的身心澈底做個淨化，而你內心深知這正是你所需要的。你無意拋棄原有的社交圈，但你現在需要去打開更寬廣的人生視野——生命並非只有社交和物質欲望而已。向果菜汁的美妙世界問好！哈囉～我來了！

逆位 基本牌義

正位聖杯八談的是放下和離開那個對你無益的情境，逆位聖杯八則是代表你對於是否要放下過去然後往前走，陷入一種掙扎和不確定的狀態。你想離開，但又沒辦法。有些事情（可能好幾件事）把你拉住，讓你走不開，但你明明知道這些事情對你的人生不再有幫助。你覺得整個人卡住了，心裡開始出現質疑的聲音，到底要不要跟隨真實自我的腳步往前走呢？

逆位 龍舌蘭酒義

你已經決定離開那些人和事，因為你知道他們並沒有把你真的放在心上。你已經收拾好行李，決定搬到很遠的地方，要在那裡展開新生活。但因為某種原因，你開始後悔，覺得離開過去十年的生活似乎是個錯誤選擇。現在你心裡的不確定感比離開之前更強烈，也更徬徨。你得讓自己放掉內心的恐懼，勇敢去追求夢想才行。也許需要多花點時間更看清楚自己的心，然後才有辦法真正接受這個新家，重新在那裡展開生活。因為你知道，這樣的改變對你才是最好的，而你應該對自己的決定有信心。

神祕魔法配對

要放棄曾經珍惜的寶物，確實非常困難。也許是一段關係變質了，或是無法再從工作中得到快樂。很可能你已經來到靈性覺醒的入口，你必須把那些無用的老舊信念通通放掉了。

一天的辛苦奮戰之後，來做個小儀式，讓自己跨過這道關卡吧！先把調酒準備好，然後打開門走到屋外。站在門廊或陽台上，嚐一口波本威士忌與苦精調和出的厚實與豐富層次。讓那濃郁的滋味在你口中盤旋打轉，像沙灘上的海浪那般大力衝擊你的味蕾。讓這個儀式成為你接下來眾多行動的第一步，由此開始，擁抱嶄新的人生冒險旅程。抬頭仰望明月，高高舉起你的酒杯。為自己加油！跟月亮乾杯！最重要的是，敬那些把你拉住、讓你無法往前走的人！終於不用再見到他們了！萬歲！

杯型　　　　　雙份大古典杯

聖杯八酒譜

3 oz. Penelope 波本威士忌
（Penelope Bourbon）

4 抖振安格式原味苦精
（Angostura Bitters）

1 oz. 焦糖奶油糖漿
（brown butter syrup，自製配方如下）

柳橙皮，裝飾用
（orange peel；也可先用火稍微烤過，作法參見第25頁）

將所有材料放入大調酒杯，順時鐘和逆時鐘方向各攪拌
十二次，直至杯外出現冷凝水珠。濾掉冰塊，倒進盛有
大立方冰塊或冰球的雙份大古典杯。最後噴附柳橙皮油。

焦糖奶油糖漿

將 1 杯水、1 杯椰糖、1 茶匙肉桂粉、6 滴奶油香精、一小撮鹽放
入平底鍋中。開中火，邊煮邊攪拌，直到糖粉全部溶解。放涼靜
置一夜，冷藏在冰箱可保存約兩個禮拜。

NINE *of* CUPS

聖杯九

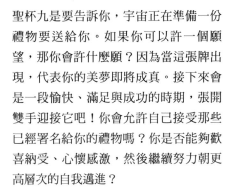

基本牌義

聖杯九是要告訴你，宇宙正在準備一份禮物要送給你。如果你可以許一個願望，那你會許什麼願？因為當這張牌出現，代表你的美夢即將成真。接下來會是一段愉快、滿足與成功的時期，張開雙手迎接它吧！你會允許自己接受那些已經署名給你的禮物嗎？你是否能夠歡喜納受、心懷感激，然後繼續努力朝更高層次的自我邁進？

龍舌蘭酒義

你現在生活優渥無虞。你喝得起最昂貴上乘的龍舌蘭，而且很喜歡偶爾坐在你家吧台，盯著這一整排藏酒，慢慢欣賞。這完全沒問題。收藏龍舌蘭讓你感到很快樂。你的酒量甚至算不上太好。但你就是特別偏愛龍舌蘭，既然要喝，當然就要喝最好的。

逆位 基本牌義

逆位的聖杯九仍然算是一張好牌，只是跟正位牌義稍有不同。當你坐擁你渴望的一切物質享受，並不表示你內心真的很快樂。難道你的幸福感就只來自這些物質層面的東西嗎？你是否太過沉溺於物慾之中？你喜歡的東西是否已經變得太過奢華浮誇，以致你再也無法從簡單的事物中找到快樂？你心裡的欲望真的能夠完全靠那些東西填滿嗎？既然你的環境可以讓你發揮別人沒有的影響力，何不試著當一個既快樂又願意付出的人。

逆位 龍舌蘭酒義

千萬別誤會我的意思——你的朋友還是喜歡跟你一起出去玩。但是，你喜歡的都是些昂貴奢華的東西，讓他們很難跟上你的腳步。喝酒吃飯由你買單對你來說都不成問題，但你的朋友可能並不喜歡這樣。在聚會即將結束之前，你最好的朋友把你拉到一邊，很坦白告訴你，你其實已經變了一個人，還有，只憑運氣和金錢來得到快樂，對你來說並非全然都是好事。你的朋友跟你再三保證，他們還是很愛你，但說真的，可不可以戒掉過度奢華的物質主義心態？因為根本沒必要那樣。

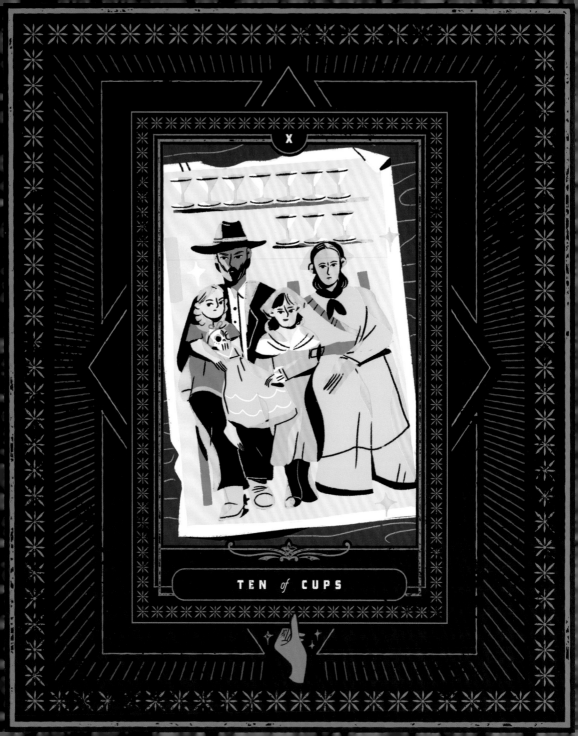

TEN *of* CUPS

聖杯十

基本牌義

聖杯十永遠是塔羅占卜中大家最喜歡看到的一張牌。它可說充分顯露和體現了整個聖杯牌組的意涵。這張牌的出現，代表你找到靈魂伴侶、得到全然完整的愛、彼此感情非常好、婚姻幸福美滿。如果你問的是關於家庭的問題，然後抽到這張牌，那絕對可以視為非常好的預兆，代表你擁有你所期待的圓滿愛情，而且你確實非常幸運，能有這麼多支持你，又非常愛你的家人和親友。

逆位 基本牌義

逆位聖杯十提醒我們，即使家人之間感情非常好，也難免有摩擦與失和的時候。如果跟這張逆位牌相鄰的其他牌也都是壞牌，那麼就可能是代表分居和離婚。但是，如果在占卜中出現聖杯十逆位，請不要把它往壞的方面去解釋。請記得，大多數問題都源自彼此之間的誤會和不切實際的期待。無論你遇到什麼問題，逆位聖杯十還是要提醒你，你生命中擁有的愛，比目前發生的任何問題都還要強大。

龍舌蘭酒義

在結婚紀念日那天，你們小倆口決定找一個可愛的 B&B 小民宿，感謝彼此為對方付出的真愛。浪漫晚餐後，在燈光微暗的房間裡一起舉杯敬酒，應該是最好的結婚紀念禮物了。週末回到家之後，你的爸媽和你的孩子也為你們舉辦了一場驚喜趴，因為他們也想跟你們分享這份祝福。你的家人一一對你們表達他們的愛，全家人沐浴在愛的氛圍中，那一刻，你體會到什麼是聖杯十的感覺。

逆位 龍舌蘭酒義

雖然龍舌蘭是個好東西，但想必大家都知道，它有時也會變成戀人和朋友之間吵架的爭端。酒後起爭執和溝通不良帶來的問題可能是一樣的，結果都可能讓人傷透心。雖然大部分都是一些小小的誤會，無傷大雅，但是，如果雙方一直僵持下去，沒有把誤會解開，最後可能會演變到無法收拾的局面。不過，也別太擔心：聖杯十的愛，無論正位或逆位，都是代表無限容忍的大愛。

神祕魔法配對

這杯聖杯十雞尾酒,將挑戰你所有的感官敏銳度。塔羅的數字十代表完滿。無論是要慶賀事情終於圓滿完成或是展開新一輪的挑戰,這杯帶有積極正能量的調酒都是最佳選擇!

朋友可以像家人,當然家人也可以是朋友。只要有愛,兩種角色隨時都能互換。你會如何讚美這種全然且無所不包的愛?

就讓我們以這張酒譜來展開這個慶祝儀式吧!玫瑰水、大麻二酚油還有香甜清爽的啤酒,這些材料都是很好的起點。在你和親愛的親友共聚的夜晚,不妨準備這款雞尾酒來進行一個小儀式,記得要抓一大把吸管放進酒杯裡唷!「分享」是這個儀式的重要部分,絕不能跳過這一趴。

所有參加者圍著一張桌子坐下來,看人數有幾位,就在酒杯裡放多少根吸管。桌子正中央擺上金色和白色蠟燭,每根蠟燭分別代表一位家庭成員。以順時針方向,輪流把這杯雞尾酒依序傳下去,喝之前,要先說一句對你身邊這群人親友的正向肯定語,然後選一根吸管,吸一口雞尾酒。記得,整個儀式進行過程中都要保持專注和正向。如果你感覺有任何負面情緒出現,請重新再說一次。調酒時可以做雙份,以免到時不夠喝。

杯型　　　　　可林杯

聖杯十酒譜

1 $1/2$ oz. 蒂朵思手工伏特加
（Tito's Handmade Vodka）

$1/2$ oz. 萊姆汁
（lime juice）

$1/4$ oz. 玫瑰水
（rose water）

3 oz. 林德曼覆盆子啤酒
（Lindemans framboise）

大麻二酚油［兩人 1 滴、四人 2 滴］
（CBD oil）

玫瑰花瓣，裝飾用
（Rose petal）

✦

將伏特加、萊姆汁和玫瑰水倒進雪克杯中。蓋上蓋子，搖盪均勻。濾入盛有冰塊的可林斯杯。最後倒入覆盆子啤酒，並用玫瑰花瓣做裝飾。這杯酒應該要跟朋友一起輪流傳著喝。所以每個人最好有一根自己的吸管。

小阿爾克那

PAGE *of* CUPS

聖杯侍者

基本牌義

聖杯侍者帶來了令人歡欣喜悅的訊息。如果要用一個例子來說明這張牌的含義，那應該就是「一封情書」吧！聖杯侍者也可以代表一件事情有了全新的發展，或是一個全新創意的開端。這張牌也預示著可能有新的戀情即將降臨，你會感覺自己彷彿回到年少時代，那種夢幻青春的愛戀感覺。有時聖杯侍者牌也可以代表生小孩或懷孕。

逆位 基本牌義

我們都被自己的情緒掌控了，如果在塔羅占卜中出現聖杯侍者逆位，那代表你對愛情的看法可能不太成熟。愛是一種過程，你必須先學會在地上爬，然後才有辦法站起來走路。如果經常情緒不穩又太過敏感，那代表你的愛需要更成熟一點。如果這張牌出現在跟愛情無關的占卜中，那我會說，可能是你在創造力上受到了阻礙，沒辦法向世人展現你真正的才能，至少，現在似乎沒辦法。

龍舌蘭酒義

你剛開設了一家全新的餐廳，再過幾天就是盛大的開幕之夜，你感到非常興奮！你已經對所有最親密的友人、家人還有投資合夥人發出貴賓邀請函，你整個人顯得喜氣洋洋，滿面笑容。這份事業已經籌備了很長一段時間，收到貴賓邀請的人都知道這件事對你來說意義非凡。這是你美好人生與新創事業的起點，說不定，將來事業會做得更大喔！

逆位 龍舌蘭酒義

時間已經很晚了，你可以開始借酒裝瘋了。聽了一些情感太過濃烈的音樂之後，你突然感到非常孤單。於是你拿起手機，開始狂發訊息給你的前任。你不斷送出情緒誇張又帶有勾引意味的訊息，希望藉此讓自己心情好一點，來度過接下來這個漫漫長夜。你知道這不是辦法，但你還是希望，至少讓自己現在好過一點。

KNIGHT *of* CUPS

聖杯騎士

※※※※※※※※※※※※※※※※※※※※※※※※※※※※※※※

基本牌義

聖杯騎士這張牌,可以說就是一位無可救藥浪漫情人的化身。這個人非常愛做夢,而且相當熱情,總是很努力想要追求一份真感情。這張牌出現在占卜中,表示愛情可能已經上路了。對聖杯騎士來說,他們的浪漫和騎士精神是無可救藥的,永遠不會有消失的一天。不過,這樣的愛還是有點不太成熟,他們會太過輕易表露自己的感情,毫不避諱遮掩。如果你問的是感情問題,然後抽到這張牌,那表示這段關係充滿激情;但是你要知道,真正的愛是需要持久耐力來維持的,並不是隨便放個火,然後激情燒光了就拍拍屁股走人。

逆位 基本牌義

愛情會讓人做出傻事。它會讓我們變得喜怒無常、心生嫉妒和自利自私。逆位的聖杯騎士這張牌出現,可能代表你現在還不想敞開心扉去接受愛情。你可能覺得時間還沒到,因為前一段感情剛剛結束,現在你還處在低潮,情感上還無法接受一段新的關係。感情是無法強迫的,所以你只能先把所有約會都推掉,等待之前的傷口癒合。

龍舌蘭酒義

你有看到吧台另一端那個人嗎?時不時對你微笑拋媚眼的那位?他剛剛買了一杯酒請你喔,還問說是不是可以坐到你身邊。現在,他用酒吧餐巾紙折了一隻紙鶴,親手遞給你,臉上還露出真誠的微笑。這種浪漫的搭訕法還真的蠻有效的耶!你心裡不禁在想,這個人是不是經常做這種事啊?手法也有點太完美了。

逆位 龍舌蘭酒義

有些人你一看就知道是個騙子。這種人總是用盡心機、很會演戲,明明臉上寫著「我是騙子」然後在舞池裡嗡嗡嗡轉來轉去,卻以為別人都看不出來。他們四處找人調情,像一隻喝醉酒的花蝴蝶。一點都靠不住。即使他們表現得好像很認真要認識你,但其實壓根沒想要真心和你談感情。希望你眼睛睜大一點,不要最後又是遇到一個一夜「騎」士。

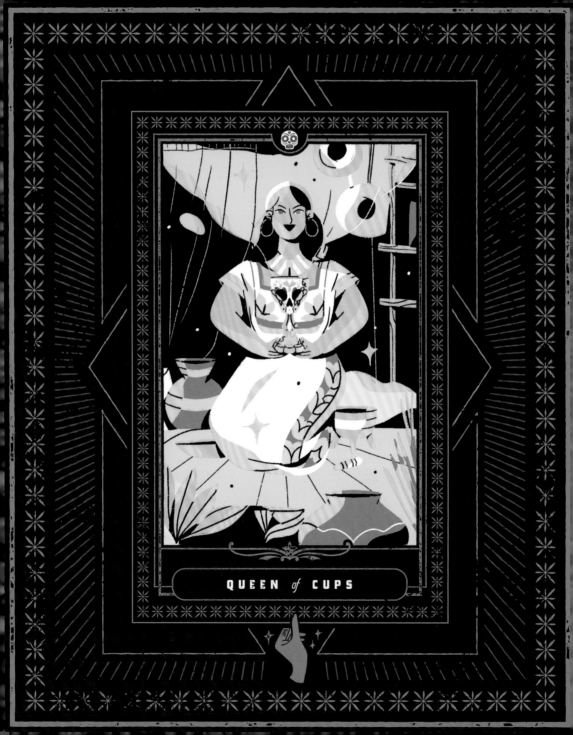

QUEEN *of* CUPS

聖杯王后

基本牌義

聖杯皇后是一個情感非常豐富的人：有
很強的同理心、心思敏感，做事經常讓
感情帶著走。不過，他們實際上比外表
看起來還要有智慧。他們有很強的直覺
力，往往可以看透一個人的心。如果占
卜中出現聖杯王后這張牌，請好好留意
你的感受。信任你的心，允許自己聽從
直覺，要相信你現在做的決定是正確的。

逆位 基本牌義

逆位的聖杯王后可能會讓自己陷入一種
情緒失控的狀態。他們確實展現了愛情
的某些面向，但卻是極為不健康的那一
面，甚至有可能變成酗酒或染上藥癮。
依賴、妄想、墮落和麻木不仁等這類字
眼，相當能夠形容聖杯女王逆位的那種
憂煩狀態。不過，如果你現在有類似情
況，也不表示你會永遠這樣下去無法改
變。只要去看清自己到底哪些事情放不
下，真正去面對那個痛苦，最後，你一
定能夠重新擁抱愛情美好的一面。

龍舌蘭酒義

一年前，一想到要重新去經歷那些約會
場景，你就忍不住感到厭惡，但現在，
你很訝異自己居然可以自自然然去面對
這件事。你可以一面身兼母職，一面偶
爾找時間約會，在當中游刃有餘。不過
你只會挑選自己真正喜歡的約會對象。
你現在學聰明了，知道不要太急著跳進
去談什麼嚴肅的大事，尤其現在家裡有
兩個小孩。你現在算是戀愛專家了，不
會再被愛沖昏頭。

逆位 龍舌蘭酒義

那個逆位聖杯王后突然情緒爆炸，演了
一場鬧劇啦！看到那個在舞池裡發飆的
人嗎？正拚命對著某人大呼小叫，聲
音比音樂還大呢！真可憐啊那個被罵的
人，可能挑錯時間講了不該講的話吧？
這個逆位王后真的有點喜怒無常，尤其
是在喝了酒、內心覺得沒有安全感的時
候。這位王后現在需要的是他們的金色
馬車，在午夜來臨變回南瓜之前趕快把
他們送回家啦！

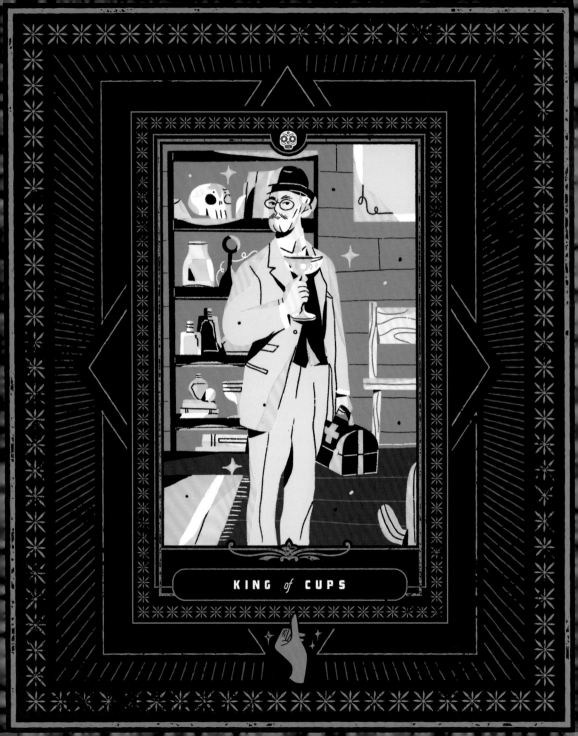

KING *of* CUPS

聖杯國王

基本牌義

從最好的狀態來說，聖杯國王相當穩定、堅強、關心別人又感情豐富，可說是一位心胸寬大的領導者。此人內外情感一致，而且有很強的直覺力。他們相當能夠洞悉人心感受，而且擅於表達他們的愛，因此給人一種個性非常圓融的印象。這位國王深深了解，愛就是耐心，而且，任何事情只要你需要他們幫忙，他們一定會大力挺你到底。

逆位 基本牌義

有些人就是很難控制自己的情緒，經常放任自己被情緒吞噬。逆位的聖杯國王不僅情緒喜怒無常，脾氣還非常暴躁、容易生氣。若不是心思太過敏感，就是很容易受人影響。無論哪一種，都不是最理想的狀態。有時，聖杯國王還會濫用自己的領導角色職權來操縱別人。從好的一面來說，這個逆位國王其實可以選擇往內看，藉此機會好好照顧自己，這正是現在他最需要的。

龍舌蘭酒義

很多人有時幾乎就是聖杯國王的化身：只要朋友有困難，不管什麼生活疑難雜症，他們一定會出手幫忙，他們可以忍受朋友喝到爛醉如泥向他們叨叨絮絮訴苦，還耐心提供務實明智的建議供對方參考。他們也可能是一名藥癮諮商師，任何善於傾聽的治療師所擁有的個性特質——一座堅強的靠山、仁慈親切又極富悲憫心——他們全部具備。

逆位 龍舌蘭酒義

如果你把自己店裡賣的酒都喝光，你當然不可能成為酒吧老闆。如果你僱用的調酒師不太可靠而且常常愛鬧脾氣，那你也不能算是一位優秀的上司。如果你很愛虐待員工又喜歡情緒勒索，你真的認為你的員工會尊敬這樣的老闆嗎？前一分鐘你喝到醉茫茫、對你的員工出手出腳，下一分鐘你就為自己胡亂發脾氣而道歉。一位貨真價實的國王，他會自己以身作則當榜樣，不會被自己的情緒帶著走。想想看，如果你是客人，然後你在餐廳或酒吧裡看到老闆這種脫序行為，你下次還會來這家店嗎？

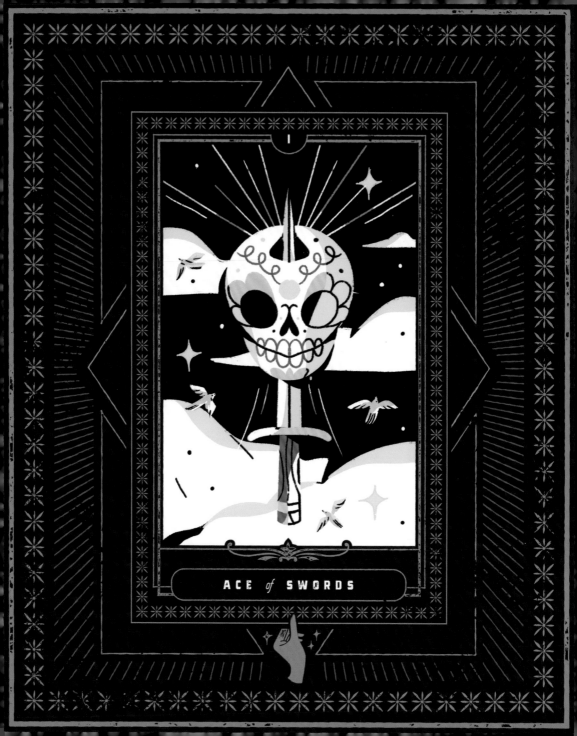

ACE of SWORDS

寶劍王牌

基本牌義

王牌代表起點、開端。而這張寶劍王牌是要告訴你，你目前已經來到一個突破的臨界點。宇宙已經把那個靈感送到你手上，你終於體會到什麼叫作「啊哈！」的靈光乍現時刻，你非常明確地看到自己的人生目標和願望是什麼。你知道自己真正想要做的是什麼，也清楚接下來的人生要怎麼走，你想大聲告訴你所有的家人和朋友這個已經成真的事實。寶劍牌也跟溝通交流有關，所以，有可能你正在考慮新的生涯規畫，這份職業可以讓你展露自己真正的面貌和才華，而且你會得到很大的成就。

龍舌蘭酒義

上烹飪學校應該是你這輩子做過的最正確的決定了。你一直都知道自己很想要當廚師。拿到畢業證書那天，可說是你有生以來最快樂的日子，而第一份工作就是在你夢想中的餐廳當廚師，簡直不敢相信這是真的。清清楚楚知道自己這輩子想過什麼樣的生活，而且能夠身體力行，這真的是一種很棒的感覺。沒有任何事情或任何人可以讓你停下腳步。你知道，你的下一個目標就是自己開餐廳！你已經可以預見成功的滋味；現在只剩下時間早晚的問題。

逆位 基本牌義

如果你沒有看清楚自己想要什麼，那要如何往前走？腦子裡面塞滿了一堆混亂想法，念頭散亂紛飛，這可能就是寶劍王牌逆位的能量作用使然。因為想法還不完整，事情不得不延宕下來，也算好事吧；不要急。時候到了，轉機自然會出現。知道有一個很好的點子，卻不能立刻將它實現，確實會讓人感到氣餒，但畢竟這個想法還沒有完全成熟啊！你人生最重要的一刻就在眼前，但現在你不想輕易妄下決定，所以就耐心等待吧，突破之日很快就會到來。

逆位 龍舌蘭酒義

你現在是大二學生，你想轉系改修別的課程。你原本以為自己已經很清楚人生目標了，但由於某種原因，你發現這個科系跟你想像的不太一樣。你可能考慮太多。你會擔心父母親無法理解你現在的想法，但你心裡很清楚，你必須聽從自己內心真正的渴望。這個起點，可能跟你最初期待的不一樣，但它依然是一個新的起點。只要克服眼前的障礙，接下來應該就會慢慢習慣了。

神祕魔法配對

在人口如此眾多、人際交流如此頻繁的世界，我們如何才能過濾掉無用資訊，找到共通真理？我們怎樣才能阻止謊言和騙局？我們怎麼知道誰才是值得信任的人？

當世界朝你投出一個大曲球，而你需要以清晰的專注力好好想清楚你目前的情況，那麼，這杯酒就是為你準備的。把海明威的小說拿出來，大聲朗讀一段精確闡述他冒險精神的段落章節。現在，你就是需要藉助這種正能量，幫你衝破所有日常生活的垃圾，找到隱藏的寶石。

當你在搖盪這杯雞尾酒時，請不要帶有任何情緒。你要用清晰、理性的頭腦來戰勝那些妨礙你做出正確選擇的惱人感覺。讓寶劍王牌的剛正誠實滋味引導你走向勝利和嶄新的開端！

杯型　　　香檳杯

寶劍王牌酒譜

2 oz. Papa Pilar 蘭姆酒加入墨西哥辣椒
（Papa Pilar rum infused with jalapeño）

1 oz. 柳橙汁
（orange juice）

1 oz. 胡蘿蔔汁
（carrot juice）

1 oz. 萊姆汁
（lime juice）

$\frac{1}{2}$ oz. 蜂蜜糖漿
（honey simple syrup，參見第59頁）

$\frac{1}{2}$ oz. 鷹嘴豆水
（garbanzo bean water）

1 枝新鮮蒔蘿，裝飾用
（sprig of dill）

✦

將所有材料倒入雪克杯裡。蓋上蓋子，激烈搖盪，使材料充分混合。然後濾入香檳杯，用一枝蒔蘿做裝飾（蒔蘿先用雙手拍打過，讓香氣釋放出來）。

TWO *of* SWORDS

寶劍二

※※※※※※※※※※※※※※※※※※※※※※※※※※※※※※※※※

基本牌義

寶劍二談的是，你沒辦法根據目前現有的資訊來做決定。感覺像是陷入抉擇的困境。現在眼前看到的選項都很糟糕，讓你根本無從選擇。你決定回到自己內心來做一番審視。因為現在面臨的這個絕境讓人感到非常不安。與其倉促做出以後可能會後悔的決定，不如先按兵不動，暫緩決定，過一陣子再說。不過，你總有一天還是得扣下扳機，做出最後的選擇。你不能永遠這樣僵持下去。

龍舌蘭酒義

有兩個最好的朋友，真的蠻辛苦的。你可能經常會困在這兩個朋友之間，左右為難。一個喜歡這間酒吧，另一個喜歡那間。說實在的，你根本不在乎到底要去哪一間。重點在於，你不喜歡選邊站，你討厭被迫在兩者之間做選擇。這種再簡單不過的事情，為什麼偏偏是你要來決定誰輸誰贏？你以前就一直在做這種事，將來也可能會繼續扮演這個角色，但今晚，你只想說，都給我滾開啦！我只想一個人待在家！

逆位 基本牌義

這是一張代表「左右為難」的牌。不論是因為什麼事情，你現在都面臨一個難以做出選擇的困境。你好像被迫要在兩個爛選項之間選出一個比較不那麼爛的，這讓你進退兩難，完全做不出決定。無論你選了哪一方，都各有其不可避免的後果。你只能保持信念，然後相信你的直覺。最後，你能做的就只剩下祈禱了，希望自己做的是正確選擇。

逆位 龍舌蘭酒義

酒後起爭執是常有的事，不僅容易跟人吵架，還會對我們心愛的人隨便亂講話，明明你在清醒的時候根本不會說出那些情緒性語言的啊！如果你能把那些話忍到第二天早上，今晚你就能全身而退，也不會給自己找這麼多麻煩。沉默有時是最有力的語言，不僅如此，它還能防止你說錯話、造成尷尬場面，免於讓對方感覺不快。

神祕魔法配對

寶劍二是一張抉擇牌，或者應該說，是一種無力做出決定的狀態。沒有人喜歡猶豫不決，因為那種感覺讓人很不舒服，那麼，不妨就用這張酒譜來移除你心上的那塊石頭吧！

聞聞薑汁的香氣，讓它振奮你的精神。讓清澈透明的白龍舌蘭被五顏六色的色彩征服，如同你的頭腦也將被創意征服。將藍莓搗碎的同時，想像你腦海中的烏雲陰霾也將如此被掃把掃除一空。

點兩根白色蠟燭，準備一枝鉛筆和一張紙。把令你陷入選擇困難的問題寫下來，然後列出這兩種選項各有什麼利弊得失。靜下心來來沉思你的答案，然後把這張紙放在燭火上燒掉。你也可以試著想像，你對面坐著另一個人，他面臨到跟你相同的問題，那你會給他什麼建議呢？幫助別人總是比幫助自己容易。

杯型　　　　　　可林杯

寶劍二酒譜

6 到 8 顆藍莓
（blueberries，可多準備一些裝飾用）

1 $\frac{1}{2}$ oz. 檸檬汁
（lemon juice）

1 $\frac{1}{2}$ oz. 白龍舌蘭
（Blanco Tequila）

$\frac{1}{2}$ oz. 法國生薑利口酒
（Domaine de Canton）

$\frac{1}{2}$ oz. 楓糖漿
（maple syrup）

✦

雪克杯不要放冰塊，先將藍莓放入搗碎，然後倒入檸檬汁。然後加入其餘全部材料和冰塊。用力搖盪，直到雪克杯外部出現冷凝水珠。濾掉冰塊，倒入盛有冰塊的可林杯。最後用一枝帶枝的藍莓做裝飾。

THREE *of* SWORDS

寶劍三

基本牌義

這是一張分手牌。塔羅中有好幾張牌是人們很不喜歡在占卜中看到的，寶劍三就是其中之一。這張牌的主要含義包括：背叛、心碎和失去、失落。通常一看到這張牌，大多數人都會認為這是指感情方面的「分手」；但事實上未必都是如此。它也可能代表跟朋友或家人起爭執、鬧翻，或是工作業務職權上的關係失和或拆夥。這張牌通常會帶來被拒絕和痛苦的感覺，但如果你能讓自己好好去正視它，它一樣可以為你帶來成長的契機。

逆位 基本牌義

寶劍三的痛苦已經結束，現在你可以開始回復正常生活了。有時候，寶劍三逆位也可能代表你沒辦法繼續往前走，不過通常是非常極端的少數案例。大多數情況下，寶劍三逆位都是代表寬恕、原諒，你已經可以將這段時間以來的痛苦放下。有時候，這張牌也可能是在問你一個尖銳直接的問題：有沒有可能，你根本沒必要跟某些人斷絕關係。或許你只是庸人自擾、疑心過重或是想得太多，讓你覺得你非得離開對方、一個人獨自生活。

龍舌蘭酒義

沒有人喜歡在電話裡被分手，萬一又是在你跟朋友聚會時接到這種電話，那更是讓人既難過又難堪。總之，事情就是這樣發生了，現在的你，有千百萬種情緒在身體湧動，內心千頭萬緒。你伸手接過酒保遞給你的酒，試著讓自己看起來什麼事情都沒發生，但你的心已碎成百千萬片。你幫自己找理由來逃避這種難堪的處境，找了一個地方來舔自己的傷口。畢竟現在的你還沒辦法想到那麼多，不過你很快就會找到一份新戀情，讓你忘記剛剛發生的一切。

逆位 龍舌蘭酒義

人們來酒吧喝酒有很多原因。有些人是想在外面找樂子讓自己開心，有些人則是心煩意亂或遇到困難想要借酒澆愁。陷在悲傷和絕望的情緒當中，卻又不想對人訴說心裡的憂悶，好煩！你決定自己躲起來療傷，但是，把自己孤立起來真的對你有幫助嗎？與其用喝酒來逃避跟人互動，不如找個你能信賴的人，談談你發生的事，或許能讓你比較快走出傷痛。

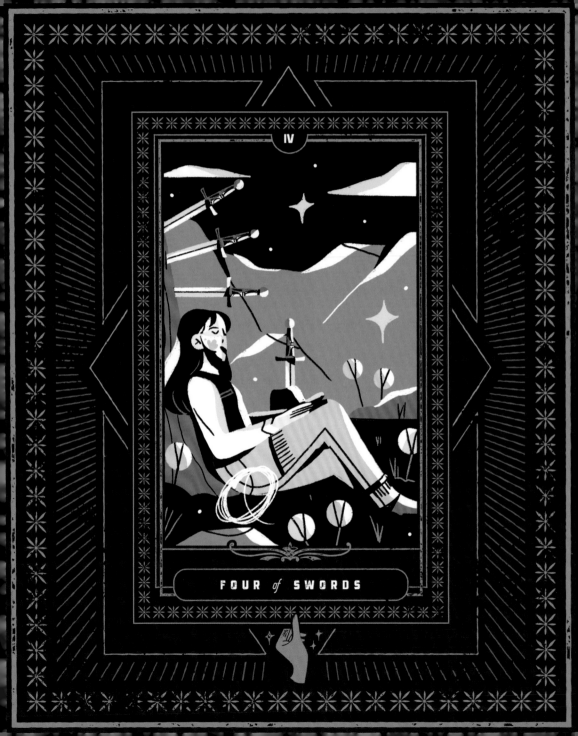

FOUR *of* SWORDS

寶劍四

✳✳✳✳✳✳✳✳✳✳✳✳✳✳✳✳✳✳✳✳✳✳✳✳✳✳✳✳✳✳✳

基本牌義

寶劍四提醒你，你現在非常需要休息。你最近把自己累壞了齁！走出寶劍三的傷痛之後，你現在最需要的是找回自己的重心。你的身體和心靈都累垮了，需要找時間好好休息、恢復元氣，你可能也要重新找到一種方式，更愛自己一些。留一點時間給自己，讓疲累的身心都能重新充電，這件事絕對沒有錯哦，不需要有罪惡感。利用週末假期睡個懶覺、做個按摩，我覺得能這樣過日子很棒耶！

逆位 基本牌義

寶劍四講的是休養生息，寶劍四逆位則代表沒辦法好好休息。你現在需要把精神力氣集中在自己身上。維持這種緊張的工作狀態真的讓人筋疲力盡。你已經看過太多例子，知道壓力會給人帶來什麼負面影響，你很擔心同樣的事情會發生在自己身上。拜託，幫自己一個忙，把一些時間留給自己吧！

龍舌蘭酒義

你剛出去賭城渡完假回來，說實在，你覺得根本沒有休息到。是不是該再放個假來解除這個放假的勞累呀？怎麼可以拖著這一身的疲累回到工作崗位呢？整整五天連續不停的開趴，你好像愈來愈難應付這種耗神又耗體力的事情，畢竟年紀愈來愈大了，唉！這一次，你要讓自己多休息個幾天。關掉手機，睡大頭覺。用睡覺來讓身體充電和恢復氣力。

逆位 龍舌蘭酒義

晚上 8:30 你在酒吧跟幾個朋友會合之後，夜生活就此拉開序幕。你在這裡待了一個小時，你的朋友已經開始坐不住，想要去別的地方續攤。已經晚上10:00。但你的朋友怎麼一副看起來才剛要開始的樣子。連續跑了兩家酒吧，已經凌晨 1:00，完蛋啦！你已經整個人 G G，哈欠連連打不停，你怕被朋友看到自己進入活屍夢遊狀態，你決定放過自己，打道回府去。

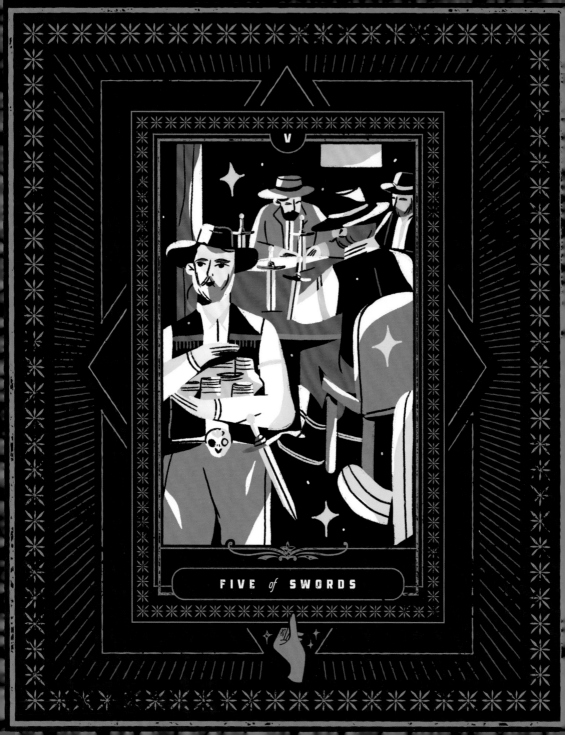

FIVE *of* SWORDS

寶劍五

基本牌義

寶劍五這張牌呈現的是一個衝突場景，把缺乏溝通可能導致的所有問題都描繪出來了。包括霸凌、操控，以及貶低他人來凸顯自己的優秀等等。行使卑鄙手段、不計一切代價也要取勝，這些都顯示出寶劍五這張牌惡劣的一面。不過，塔羅就是這樣，無論你抽到哪一張牌，一定都能從這張牌學到功課；寶劍五告訴我們的重點是，要時時提醒自己，你是用什麼方式態度在對待身邊的人、在跟他們溝通和相處。

逆位 基本牌義

是放下和原諒的時候了。正位的寶劍五代表衝突正在發生，而逆位的寶劍五則代表事情回歸平靜。承認自己的錯誤並做出彌補，並不是一件容易的事，但那也是我們心靈成長的一部分。貶低別人很容易，但是要道歉卻很困難。寶劍五逆位也可能代表過去那些讓你憂傷沮喪的事情，你不知道將來該怎麼跟那些欺負你的人相處。你心裡可能到現在還感到憤憤不平，不願放下。這就是寶劍五逆位不好的一面。

龍舌蘭酒義

為什麼有些人會去霸凌別人、欺負別人呢？從我們在學校讀書時，一直到長大成人、出社會工作，都可看到這個現象。喝酒會降低你的自我抑制力，平常不敢說出來的事情，喝了酒之後就變得很容易說出口。貶低別人，來凸顯自己，這樣對我們有什麼好處嗎？下次你又忍不住想要口出惡言之前，請三思。不要以犧牲他人作為代價來成全自己。

逆位 龍舌蘭酒義

還記得昨晚你跟另一半吵得不可開交嗎？你很想把你說過的那些難聽話全都推給龍舌蘭，但你知道不能這樣。你很清楚大部分的錯是在你，但你實在很想忘掉那個不愉快的情境，趕快擺脫那種痛苦感覺。你希望趕快回復平靜，不要再繼續怒目相對。也許，兩個人一起喝杯酒有助於讓事情早點過去哦！

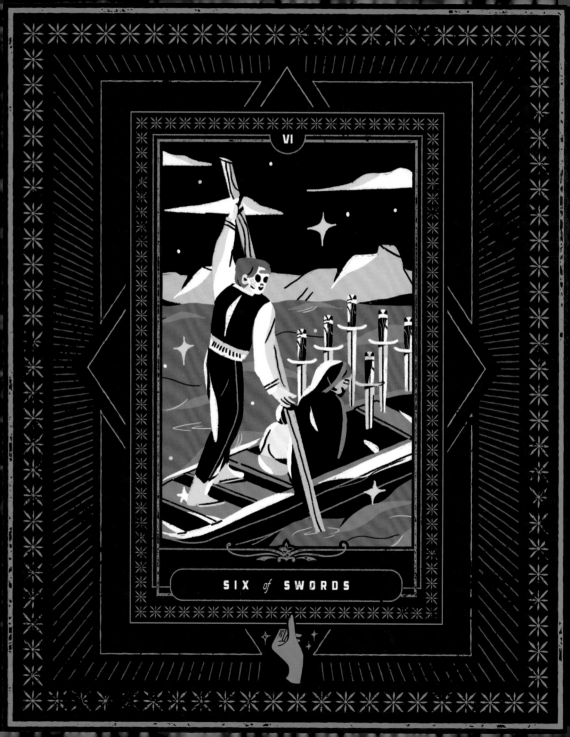

寶劍六

基本牌義

寶劍六邀請你展開一趟旅程，讓身體與心靈都能夠更加和諧健康。你正朝著一片平靜的水域前進！何不讓自己放下過去種種，不要再衍生出更多情緒戲碼了。

逆位 基本牌義

寶劍六逆位，代表計畫好的事情被取消了。它預先警示我們，雖然你很想放下過去、繼續往前走，但可能途中會遇到困難。你是不是因為被太多工作卡住，而不得不將環島旅行計畫延後？寶劍六逆位這張牌也是在提醒你，不妨問問自己，原先所做的行動計畫，是不是真的有必要。

龍舌蘭酒義

要不要來一趟遊輪飲酒之旅呢？幾個禮拜下來，生活開始變得平淡無味了，現在趕快休個假、充個電，對你絕對有利無弊。你也已經計畫好改天要來個瑪格麗特之夜，喝好喝滿。記得晚上打電話叫優步或小黃哦，這樣你就不用擔心沒辦法盡情暢飲啦！

逆位 龍舌蘭酒義

計畫取消了。你原本預計要跟朋友一起度過一個很棒的龍舌蘭和炸玉米餅之夜，但很可惜期待落空了。想要藉著喝酒來逃避問題嗎？也許這不是最好的決定哦！

神祕魔法配對

你能聞到空氣中飄盪的甜味和胡椒香氣嗎？它是來自遙遠異地的呼喚嗎？是你夢裡熟悉的場景？還是在遙遠大陸的未知之境？它在召喚你去展開新的人生嗎？想一想，是什麼理由你需要讓人生重新開始、要從哪裡開始。你帶著興奮期待的心情，希望將過去拋諸腦後，往成長之路繼續邁進。任何熟悉的東西都不要帶！在你橫渡海洋、穿越星空的旅途中，讓全新的味道迴盪在你感官四周，盡情擁抱那嶄新的口感和氣味。這是人生的穿越儀式。喝下第一口酒，你了解到，改變是必要的，能夠阻礙你發揮全部潛力的，只有你自己。

杯型　　　古典杯

寶劍六酒譜

2 oz. 白龍舌蘭
（Blanco Tequila）

1 oz. 黑莓果泥
（blackberry puree）

1 oz. 萊姆汁
（lime juice）

1 oz. 黑胡椒糖漿
（black peppercorn syrup，自製配方如下）

海鹽和糖，鹽口用
（Sea salt and sugar）

✦

在雪克杯中放入冰塊。將所有材料全部加進去，充分搖盪均勻。在淺盤放一些鹽和糖。將冰鎮過的 12 盎司古典杯倒扣在鹽盤上，做成鹽口杯。杯子裡放入新的冰塊，然後將酒液濾入杯中。

黑胡椒糖漿

將 2 湯匙全黑胡椒粒、1 杯水和 1 杯糖放入平底鍋中。用中火煮到糖全部溶解。轉成小火，繼續煮十五分鐘。濾掉胡椒粒，將糖漿放涼靜置一夜，冷藏在冰箱可保存約兩個禮拜。

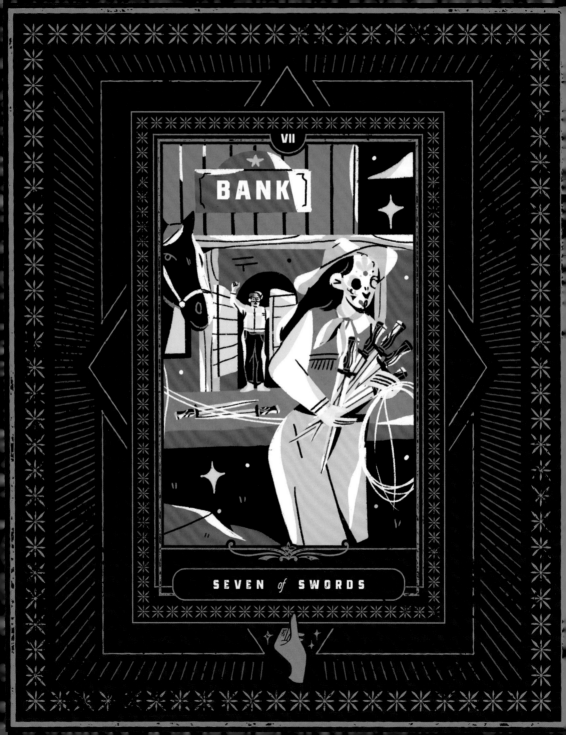

寶劍七

※※※※※※※※※※※※※※※※※※※※※※※※※※※※※※

基本牌義

寶劍七通常意指跟偷竊行為有關的事情。是不是有人在騙你？無論是指什麼事情，這張牌最常代表的情況是，可能有人做了什麼不法之事，現在逍遙法外，沒有受到應有的懲罰。你的揭祕行動必須很隱密，而且要有方法、有策略，如果沒辦法做到這樣，很可能就讓他們逃掉囉！這張牌的出現，通常一部分代表好事、一部分代表壞事，因為那個偷東西的人搞不好也很想被抓到呢！畢竟，人沒有辦法一直守著一個祕密那麼久，那種壓力實在太大了，事跡總有敗露的一天。

逆位 基本牌義

寶劍七逆位一樣是代表欺騙，但這個欺騙通常指的是你對自己說謊。這張牌的出現，也可能代表你終於良心發現，不想要再偷偷摸摸過日子了。很可能你向人坦白你偷了什麼東西，或是有人向你承認他們先前欺騙了你。當寶劍七逆位出現，代表正義總有一天會來到，它會找到一種方式讓人知道事情的真相。

龍舌蘭酒義

你是不是認識一種人？他們可以整晚都喝霸王酒，連一杯酒錢都不付就拍拍屁股走人？他們到底是怎麼做到的呢？當然是有方法的。你輕鬆靠在椅背上，看著你的朋友慢慢晃進酒吧，若無其事叫了兩杯酒，然後臉上掛著若無其事的微笑走過來。你問他們欠了多少酒錢沒付，他們回答：「別擔心啦，我在這裡喝酒不用付錢。」你無法想像自己竟然交到這種騙子朋友，但話又說回來，也有可能你真的錯怪他們了。

逆位 龍舌蘭酒義

有時，當你喝到過頭，就開始吐露真言，什麼心裡的祕密都掏出來講了。剛剛喝下的那杯酒該不會是吐真藥吧。把藏在心裡的話講出來，總是會讓人感覺好過一點，對我們所愛的人傾吐祕密也一樣。雖然也要冒一點險，有可能他們會大嘴巴把祕密講出去；但至少，你這樣做是對的啊！如果你覺得自己必須說謊才能跟某人當朋友，那表示什麼？表示你們本來就不會是朋友。

神祕魔法配對

你們的關係中少了某些東西。你感覺得到。難道這就是他們對待你的方式嗎？你是不是有發現到什麼不忠的跡象？你有什麼東西被偷走了？

你的心情亂糟糟，但你的頭腦急著想要讓自己維持一種平靜的假象，你假裝自己沒事。你抓著另一半走進廚房。茶壺的裡水已經沸騰、快要炸開啦，你也一樣。你想知道真相。你將這款藍色調酒倒進兩個玻璃杯，然後深深凝望伴侶的眼睛。藍色是信任和智慧的顏色。藍色也是美麗天空的顏色。就讓這杯雞尾酒成為你們的吐真藥吧！希望你的伴侶沒有發現，你們倆一起坐在藍色和白色蠟燭中間；我們不想看到整個「儀式」前功盡棄哦！

嘴巴守不住祕密可能帶來災難，但也會揭露真相。趁你倆雙眼對望之時，把你的問題說出來，讓你的直覺來告訴你對方是否在說謊。如果第一杯之後還是無法確定，那就再倒一杯。幾杯酒下肚後，你一定會得到答案。

杯型 可林杯

寶劍七酒譜

1 ¹/₂ oz. 銀龍舌蘭
（Silver Tequila）

¹/₂ oz. 君度橙酒
（Cointreau）

1 oz. 現榨檸檬汁
（fresh lemon juice）

¹/₂ oz. 蜂蜜糖漿
（honey simple syrup，作法參見第59頁）

2 oz. 蝶豆花茶
（Butterfly Pea Flower Tea，自製配方如下）

1 顆檸檬皮絲
（zest of 1 lemon，裝飾用）

✦

除了蝶豆花茶以外，其他材料全部放入裝滿冰塊的雪克杯中，充分搖盪均勻，然後將酒液倒入可林杯。上層慢慢倒入蝶豆花茶，做出漸層效果。最後用檸檬皮做裝飾。

蝶豆花茶

將 2 袋蝶豆花茶放在茶葉濾網裡，或是將茶包裝在粗棉布裡，浸泡幾分鐘。然後取出茶包，放涼靜置一夜，冷藏在冰箱可保存約兩個禮拜。

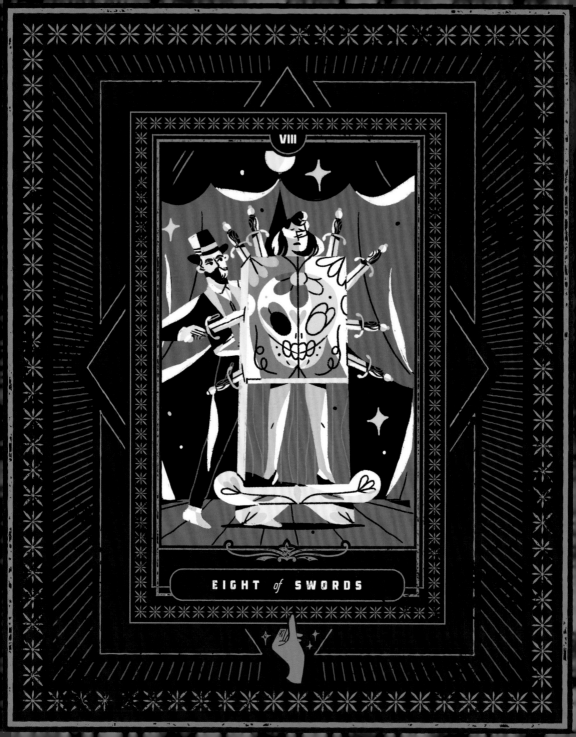

EIGHT *of* SWORDS

寶劍八

基本牌義

寶劍八這張牌看起來有點恐怖，但其實沒有那麼糟。這張牌要告訴你的主要訊息是，你被自我懷疑和恐懼的感覺困住了。你覺得精神上受到束縛。要克服對這張牌的恐懼，祕訣就是澈底了悟，沒有人有辦法限制你，除了你自己。當你看透這件事，當下你就已經朝自由解脫邁出了第一步。寶劍八的出現也是在提醒你，面對看似無望的情境，其實你還有很多選擇。尤其當你覺得自己已經一無所有的時候。如果你因為內心的混亂困惑而無力向前，請給自己一點時間，回來看看自己的心，然後睜大眼睛看清事情本來真正的模樣，不要僅憑你的感覺去看它們。

龍舌蘭酒義

你能擺脫那些束縛你的精神枷鎖嗎？一直認為自己被綁住，當然你就走不出去。我們常常會畫地自限，把自己困在自己製造出來的迷亂當中，直到有一天終能看清事情真相。事實上，我們可以自由選擇要怎樣過自己想要的生活！你要做的只有一件事：抬頭挺胸走出酒吧，睜開眼睛看清楚我們身邊發生的事。

逆位 基本牌義

逆位的寶劍八要告訴你：一旦你發現你有勇氣相信自己、能夠看穿你內心的恐懼，當下那一刻，你就解脫了、覺醒了。寶劍八逆位的另一種解釋是：你把自己當成受害者，因而感到無力無助。剛好藉這張牌說明一下，在塔羅占卜中，每一張牌的含義都會隨著你問的問題不同而出現不同解釋，同時，這張牌在占卜牌陣中的位置，它周圍出現的其他鄰近牌也會影響這張牌的解釋方向。通常，我們會將寶劍八逆位看作一張代表覺醒的牌；但如果其他鄰近牌都是負面能量的牌，那很可能就是代表我們上面說的那種受害者心態。

逆位 龍舌蘭酒義

不是每段感情都會像你的上一段戀情一樣。沒錯，以分手告終真的很難過，但你還是得讓自己走出過去的束縛，重拾自信心。你必須走出上一段感情的傷痛，接受可能到來的新戀情。你絕不是受害者！你的前任很霸道又有很強的控制欲，對你來說根本就是個包袱，但現在那些都是過去式了。某天早晨你醒來，看到他們的真實面目，你決定收拾行囊走人。你終於解開精神上的枷鎖——現在是一個自由人了！

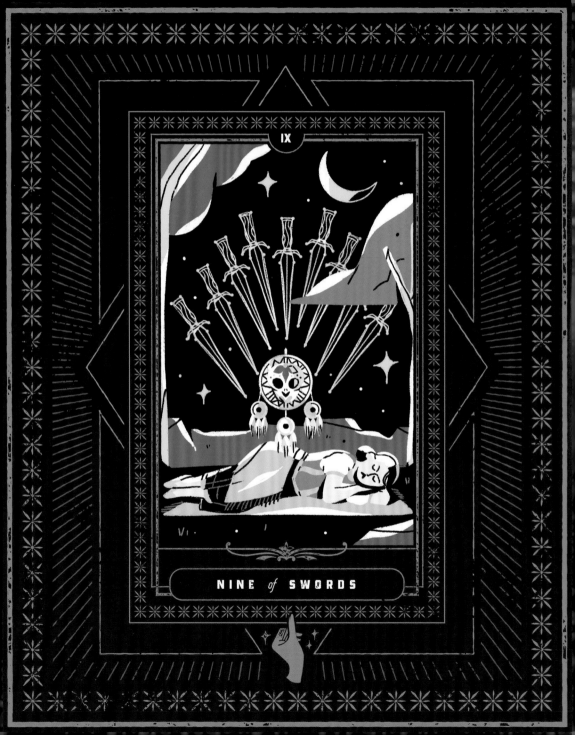

寶劍九

 ## 基本牌義

這張充滿焦慮能量的牌提醒我們，只要操心我們能夠主動掌控的事情就好。很多時候，我們的擔憂是想像出來的，因此讓自己壓力山大，甚至感到痛苦不堪。這張牌有時候也可以代表睡得不安穩以及／或是做噩夢。生命本身已經夠艱難了，沒必要自己又在上面多添加惱人的不理智想法。為我們無法掌控或是非真實存在的事情擔憂，實在不值得呀！

 ## 逆位 基本牌義

寶劍九逆位教導我們，透過專注心念和帶有自覺的決定，就能克服讓我們焦慮的那些擔憂和難題。你會有能力察覺你的焦慮和壓力來自何處，然後走上康復之路。內心的混亂解除，你就比較有辦法去面對漫漫長夜。如果這張牌的相鄰牌都是比較帶有負面能量的牌，那可能我們就要進一步釐清，到底內心還有什麼你不知道的擔心害怕和無力感，讓你不由自主陷入憂慮之中。不過大多數情況下，這張牌都是在告訴你，如果努力試試看，就能改變你的思考模式。

 ## 龍舌蘭酒義

有些人喝酒是為了讓自己快樂，有些人喝酒是為了讓自己好入眠，或是暫時忘卻心中的煩惱。其實這是一種惡性循環。龍舌蘭不會讓你睡得比較好，更不會讓你的痛苦消失。我們必須對自己的問題負責，如果那些事情已經超出我們所能承受範圍，那最好能找諮商師來幫我們度過難關。不要依靠酒瓶來得到勇氣，勇氣早就在你心中。

 ## 逆位 龍舌蘭酒義

經過一夜宿醉，翌日早晨，你幫自己沖了第一杯咖啡，彷彿撥雲見日，心中陰霾也逐漸散去。你開始回復理智思考，自我懷疑感也逐漸消失。你突然在想，自己昨晚是不是做了什麼蠢事，於是你打電話給一個朋友，希望能平息內心的起伏，盡快找回自己的生活步調。幸好，原來那些劇情都只在你腦中上演而已，事實上你並沒做出什麼脫序行為，你大大鬆了一口氣。果然，又是自己多想了，但就是因為你把事情想得很清楚，積極去面對自己內心的擔憂，才幫自己找到了出路。

207

TEN *of* SWORDS

寶劍十

基本牌義

占卜中出現寶劍十，大概可以很確定地說，這件事情已經走到終點，無法再回頭。很多時候，關係的結束讓人感到痛苦，就像有人在背後捅了你一刀，或是被自己的好朋友背叛了一樣。寶劍十講的就是這種危機時刻。不過，每次遇到危機，不也正是你發現自己的療癒潛能、看到自己的抗壓性，以及找到突破契機的時刻嗎！寶劍十要教導我們的功課是，為了走出痛苦，你需要寬恕和臣服。唯有如此，你才能真正擺脫生命中反覆無常的不幸和厄運。

龍舌蘭酒義

實在是悲慘的一天。你最喜歡的那家酒吧居然被火燒個精光，據說可能是有人惡作劇。這是少數幾家你用步行就能到的酒吧。而且氣氛好、燈光佳，每次一走進去，就像回到家一樣，大家都會跟你親切打招呼。而現在，往事不堪回首，一切只剩回憶了。就算業主在原來的地方重新蓋一家新的，也不會是原來的那家酒吧了……但……說不定會比以前更好？

逆位 基本牌義

請仔細看寶劍十的牌面圖案表現。你有看到背景遠方露出黎明的曙光嗎？那是因為，這張牌的主要牌義就是：過去不管發生什麼事，一切都結束了，現在我們可以把眼光放在嶄新一天的開始。逆位的寶劍十也可能代表避開某項危機，或是在經歷心痛掙扎之後，重新恢復元氣以及／或是生命因此大大改變。其次，也要看跟這張牌相鄰的牌有沒有出現其他負面難題牌，有時候寶劍十逆位也可能代表事態跌到谷底，正面臨毀滅性的損失。如果相鄰牌很多都是比較好的牌，那就可能代表復元。

逆位 龍舌蘭酒義

你的朋友終於露出真面目，你沒有出拳揍他，你忍了下來，然後決定把這件事當作學個教訓。要你再相信那種人，真的很難了，你可能暫時不想理他，那也沒關係。太陽每天還是照樣升起，你遇到的這些困難也都會過去。再怎麼糟糕的事情，終究也會有結束的一天吧？你應該覺得自己很幸運！因為當機立斷結束你們之間的關係，沒有讓自己淪為被害者心態，使事情進一步惡化、牽扯不完，實屬不幸中的大幸呀！

PAGE *of* SWORDS

寶劍侍者

基本牌義

寶劍侍者這張牌，如果是講人，那就是形容一個精力旺盛、想法點子非常多的人。他們對於學習新事物求知若渴，而且強大的好奇心有時會讓他們惹上麻煩。如果不是講人，這張牌談的就是代表知識上的追求與提升。很可能你剛剛收到大學錄取通知。這個消息也可能是其他的重要消息或意外通知。

逆位 基本牌義

當那位求知若渴的學生變得很討人厭、讓人無法忍受，或是當八卦已經瘋傳到有點失控，那代表你身邊一定有一股逆位寶劍侍者的能量呼嘯而過。很多人真的不太善於溝通。有些人只喜歡空談而無任何行動，有些人則用他們天真無知的殘酷來傷害你。當你突然跌個狗吃屎，或是在你喜歡的事情上沒有達到預期的成就，他們就會嘲笑你。逆位的寶劍侍者甚至會希望你相信謊言和那些胡說八道的事情。

龍舌蘭酒義

你對自己這些年來的狀態一直不滿意，因而決定回到學校繼續深造。你經常有一種壓抑感，沒辦法盡情說出自己頭腦裡的想法，這讓你很挫折。或許人際溝通或行銷方面的工作能讓你好好發揮你的真實本性。說不定可以幫你熱愛的那瓶暢銷龍舌蘭酒製作一系列宣傳廣告？

逆位 龍舌蘭酒義

你這輩子從來不曾這樣尷尬過。你的朋友堅持要當你的側翼援軍，因為他非常希望你能找到好對象。他說他不在乎自己，只是希望能陪在你身邊為你送糧草送子彈。他說出這些話的時候，其實你心裡在想，鬼才相信你啦，尤其經過剛剛那場可恥的敗仗之後，關於信任這件事，你學到了寶貴的一課。他整晚上都對著正在跟你聊天的女人話唬爛，因為他想讓她們對你留下深刻印象。到底是酒精作祟搞鬼，還是他本來就那麼誇張？從他口中吐出的那些謊話，讓他看起來完完全全就像個詐騙集團。就算你真的喜歡對方，你的機會也被他毀了。

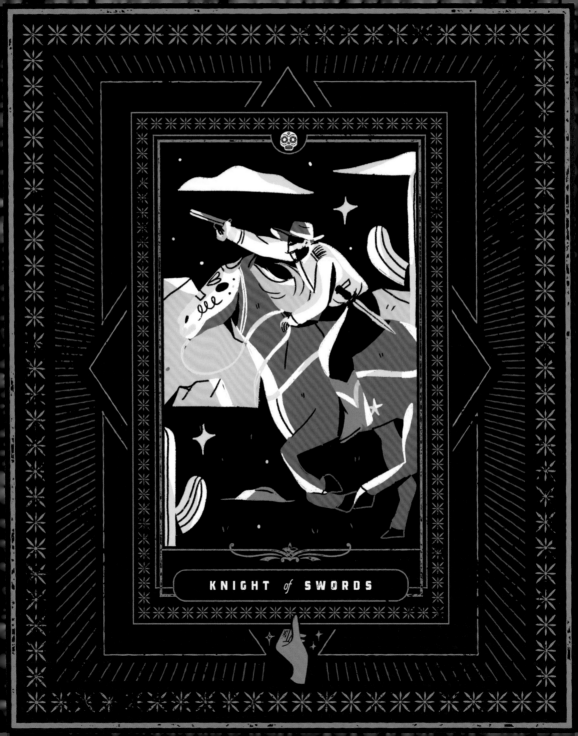

KNIGHT *of* SWORDS

寶劍騎士

基本牌義

當寶劍騎士出現，你可以期待事情的進展變化會非常快速。生命中總有些時刻，需要大膽的解決方法與決心才能挽救頹勢。而這位騎士剛好特別擅長這一點。他的作法可能有點激烈，彷彿眼中沒有別人那樣的不顧一切。為了追求傑出表現，他容易衝動反應，在旁人看起來就是有點執著和強迫性，不過他其實只是想趕快把眼前這個問題解決，因為後面還有別的問題在等他。他得把事情全部安排好，然後一一搞定！

龍舌蘭酒義

你朋友很痛恨人家說他「只說不做、光說不練」，因為他堅信自己兩者都具備。他不僅親身坐鎮指揮，而且做過的承諾絕對一一跟進兌現，他總是有最好的理由來展露自己的野心與武斷的個性。前天晚上他絕非故意要在演唱會上跟人吵架，但那群嘴賤的傢伙對他女朋友的粗魯無禮行為把他惹毛了。這對他來說簡直不可忍受。

逆位 基本牌義

逆位寶劍騎士經常缺乏耐心而且相當魯莽。他們很容易陷入思想和能量的混亂漩渦，導致在處理事情時行為舉止經常反覆無常、沒有定性。當逆位寶劍騎士出現在占卜中，很多時候，可能會對已經翻開的牌增添它的負面影響力。

逆位 龍舌蘭酒義

你有沒有過這樣的經驗，在重金屬演唱會場上被一群憤怒爆棚的觀眾整個撞飛？你身邊這股強大又混亂的能量，可以把你往上高高舉起，也可以把你整個擊倒在地。它會把你往另一個人身上撞，讓你跟對方同時受到嚴重傷害。那是一股非常不穩定的能量，搖來擺去又非常散亂，會讓人做出許多輕率和衝動的行為。試著想像一下那個場景，一千名興奮腦衝的逆位騎士，在舞台前方衝撞區整個毫無頭緒撞來撞去，他們根本不在乎自己撞到了誰。

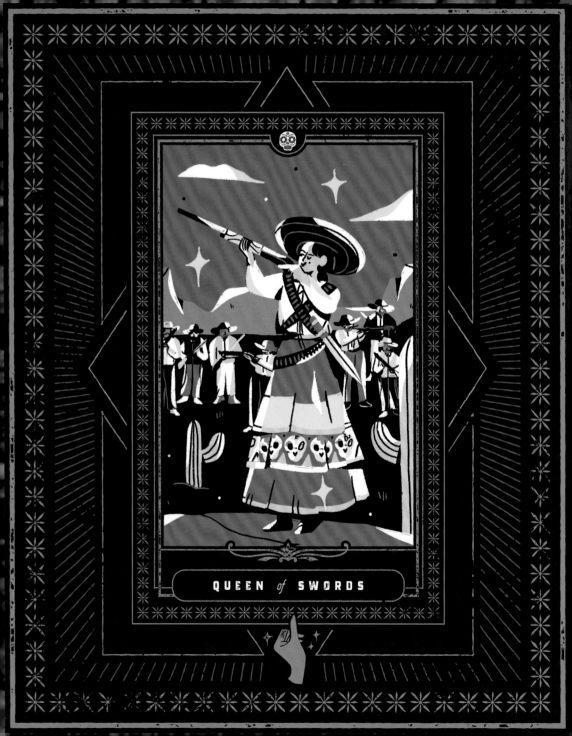

QUEEN of SWORDS

寶劍王后

基本牌義

寶劍王后，以最好的狀況來說，絕對是非常聰明有智慧的人。她渾身充滿力量、聰明有腦袋而且機智靈巧。這位男性或女性可能是一位非常聰明而且講求邏輯的顧問人士，如果你願意接受她的建議，她絕對可以提供你許多有用的智慧建言。寶劍王后是真理的追求者和給予者。她在傳達自己的需求和願望時技巧相當好，可以讓你沒有疏漏地完全理解和接收，因此她也可能是一名偉大的律師和教育家。如果寶劍王后這張牌不是代表某個人物，那就是意指你需要利用這樣的個性特質來幫助你掌握眼前的局勢。

龍舌蘭酒義

如果有調酒師問你，想用哪一支龍舌蘭來調製你的瑪格麗特，拜託！請一定要直接告訴他！千萬不要只是說「看你有哪支就用哪支啊」。然後，給那杯瑪格麗特取個名字。不要怕，直接說出你的心願。調酒師就是希望你開心。如果這樣可以幫你達成願望，何妨就直接把你想要的說出來。

逆位 基本牌義

逆位寶劍王后通常是指一位講話冰冷無情的人。這個人可能在情緒上顯得很超然、不帶絲毫感情，以致給人的印象就像冰雪皇后。他們很喜歡跟人爭辯，到了幾近殘酷的地步。他們會顯得很冷漠，看起來冷淡無情。如果這張逆位寶劍王后牌不是指某個人，那可能就是代表你對別人有點嚴苛或評判心很重，應該好好回來審視一下自己，看是不是你被誤會了，還是雙方有什麼誤解。沒錯，有時我們確實需要強勢表達我們的看法。但或許可以想想，這樣做的結果是不是也對別人造成了某種傷害？

逆位 龍舌蘭酒義

酒吧裡塞滿了人，顧客彼此推來推去非常粗魯。調酒師根本把你當空氣直接無視，因此你開始順勢把自己推到吧台前面，想要引他注意。結果還是沒用，你還是沒得到你想要的關注，於是你開始酸言酸語大聲開罵，就是要讓他聽到。不過，當你對調酒師大吼大叫的那一刻，你馬上知道後果可能是什麼了。沒有人喜歡被別人指著鼻子咆哮怒罵。很不幸，這位苛薄的寶劍王后還是會繼續我行我素，除非有一個比她強勢的人出來喝斥她的行為。

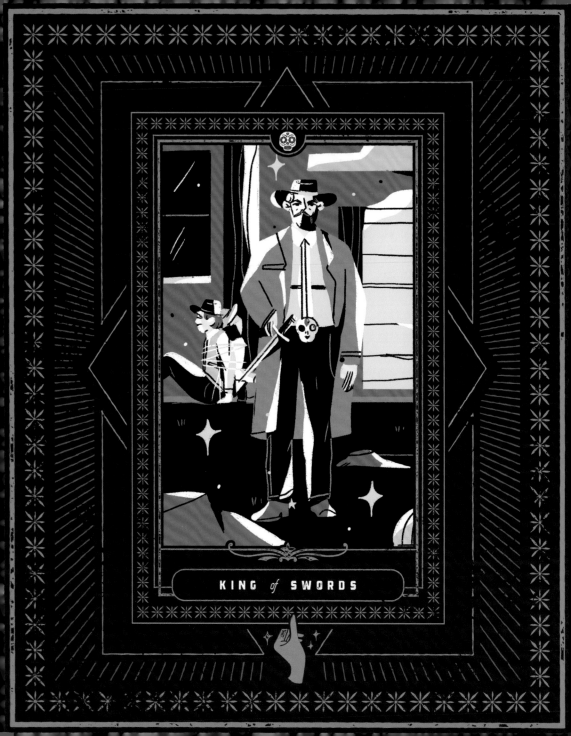

KING *of* SWORDS

寶劍國王

基本牌義

強大的領導者，寶劍國王是高居權威地位的人。此人用理智邏輯來尋找真相。他們可能是一位公平的決策者，給出的建議雖然嚴厲但非常合理。如果這張牌不是指你認識的某個人，那就可能是代表你性格中的某個面向。寶劍國王是思想家；在你認識的人當中，他們應該算是最不情緒化的人，但這並不表示他們是無感的木頭人。

逆位 基本牌義

當權力和權威被濫用，變成一種操縱人心的手段時，很可能就是寶劍國王逆位的能量正在運作。有些人就是習慣什麼小事都要插手管，無論是因為想要展現自己的權勢，還是他們有自己的個人問題沒解決。面對這樣的人，你能拿他怎麼辦？他們的看法就是那麼固執死板，根本不會接受你的想法。這個人甚至可能會拿你的人生幸福或生計飯碗來威脅你。只有一種情況他們可能會喜歡你或信任你，除非你是真理的傳遞者——而且他們得在對你的意圖完全沒有誤解的情況下。

龍舌蘭酒義

當場面變得有點不可收拾，營業場所經理要求你離開，他絕不是基於個人喜好才這樣做的噢！在這裡，他就是最高權威，就是老大，凡事他／她說了算。在這一點上，你別想要跟他五四三。因為你確實造成營業場所的損害了，他絕對會鐵了心跟你槓到底。就算你覺得自己受到不公平對待，你也知道，抱歉啦，今晚你沒機會翻身了。而且，有很大機率，明天，你就會對自己的行為後悔到要死。

逆位 龍舌蘭酒義

凡事都要插一手的餐廳老闆，大概是逆位寶劍國王的最佳代言人吧！這人真的機車到會把你搞瘋，因為他（或她）根本不相信你可以把事情做好。如果你對他們的權威表現出一絲一毫的抗拒，他們可能會馬上編一個理由請你回去吃自己。喜歡炫耀、自私自利、不講理，都是他們個性上的缺點。或許這份工作根本就不適合你。

神祕魔法配對

你對花生的印象是什麼？你知道它代表長生不老和財富嗎？花生只是這款雞尾酒的其中一種成分，主要是為了提高你的整體自信心、成熟度以及安全感。

如果你隔天要去面試一份工作、出席法院訴訟案件，或是處理任何跟權力以及／或是人身安全有關的事情，這杯調酒絕對是你今晚的首選。它可說是寶劍國王這張牌的能量化身，能夠幫助我們獲得當下最需要的清晰思考和智慧。在你要做出成熟的決定之前，請在自己家中找一塊安靜的地方做個靜心冥想。點一根白色蠟燭來消解負面情緒，燒一點肉桂香粉來穩定自己的心。把你的白水晶確實充好電（參見第15頁），然後開始細細品嚐這杯雞尾酒。儀式進行過程中，看情況加入一些正向肯定話語。讓宇宙知道你要什麼，不要怕尋求協助。

杯型　　　古典杯

寶劍國王酒譜

3 oz. 花生浸漬布雷特波本威士忌
（Peanut-infused Bulleit Bourbon，自製配方如下）

1 oz. 白可可香甜酒
（White Crème de Cocoa）

$1/2$ oz. Skrewball 花生醬威士忌
（Skrewball Whiskey）

4 抖振 Aztec 巧克力苦精
（Aztec Chocolate bitters）

柳橙皮，裝飾用
（orange peel，亦可用火烤過；參見第25頁）

白蘭地酒漬櫻桃，裝飾用
（Brandied cherry）

◆

將所有材料倒入裝滿冰塊的大調酒杯中。順時鐘和逆時鐘方向各攪拌十二次，直到玻璃杯外出現明顯的冷凝水珠。濾掉冰塊，將酒液倒入盛有大立方冰塊的古典杯中。最後刨一大片柳橙皮跟白蘭地酒漬櫻桃一起做裝飾。

花生浸漬波本威士忌

將布雷特波本威士忌倒入罐子裡，頂端大概留3盎司不要倒滿。加入花生油。蓋上蓋子，放在冰箱冷藏五天，每隔一天就將酒罐搖一下。五天後將酒罐放進冷凍庫一天（讓油脂和波本威士忌分離）。最後，用濾網將波本威士忌濾入第二個罐子裡。

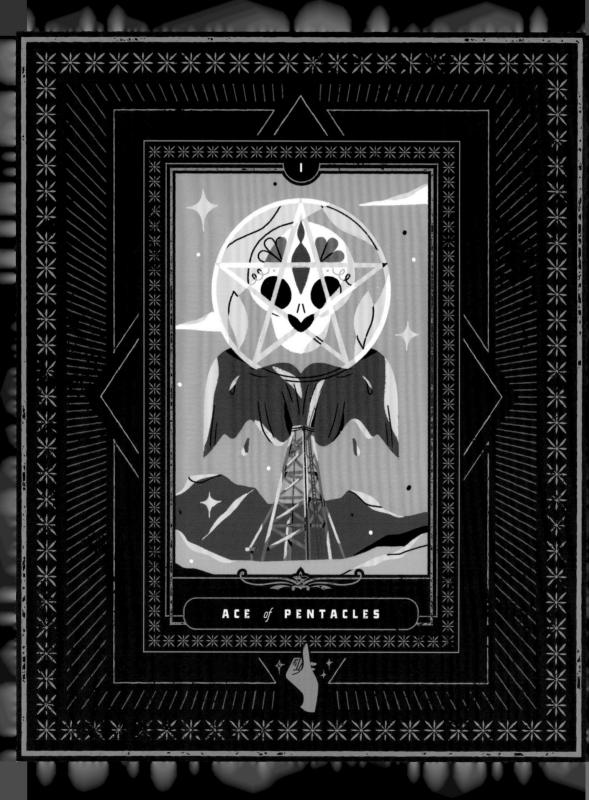

錢幣王牌

基本牌義

錢幣王牌出現代表新事物的開端。所有的王牌（一號牌）都是代表起點、開始；而這張錢幣王牌特別是指物質上的收益和財務上的豐盛成就。可能是即將有新的工作機會出現，也可能是在目前的職位上有機會得到加薪或有一大筆收益進帳，或是在財務上有機會達成新的目標。錢幣王牌有時也預示你會在料想不到的地方獲得一筆意外之財，也可能是你正在計畫搬家，或是將金錢投資在目前的住屋修繕或擴建上。

逆位 基本牌義

逆位的錢幣王牌可能是在警告你，在財務和預算方面會面臨短缺的困難。你還是可以將這張牌看作一張朝正向發展的好牌，只是結果會比較慢出現而已。這張牌也可能代表你花了太多心力在關心物質方面的事情，也許你需要重新釐清你的真正目標，確認一下優先順序。逆位的錢幣王牌也可能是在告訴你，需要更腳踏實地、務實一點；如果你是因為財務狀況不佳而變得過度焦慮，請記得，有錢並不一定能帶來快樂。

龍舌蘭酒義

就在剛剛，有人把一筆欠你的錢還給你了，真是及時雨啊！雖然有一個醞釀多年的計畫，但你撐了好一陣子都不敢輕舉妄動。長期目標呢，是擁有一家餐廳；短期目標可能先買一輛食品運貨車，可以幫你先打響餐廳名字。這筆新的進帳，剛好用來幫你的未來撒下種子。它一定會繼續成長茁壯，不斷長出新的枝枒，在未來幾年為你和你的家人帶來滿滿的豐收成果。

逆位 龍舌蘭酒義

你想擁有一切奢華昂貴的東西。你承認，現在做房屋翻修並不是最明智的決定，但你覺得在你家的祕密小窩搭個酒吧應該會讓你朋友大大驚豔吧，而且大家一定都會想要常常來跟你喝酒。為了妝點你的吧台，你額外花了很多錢來添購上乘昂貴的龍舌蘭和其他烈酒。這一直是你的夢想；但其實一點都不實際。你在這件事情上已經超支了，工程都還沒做完，你口袋就快空了。

神祕魔法配對

躺在一片綠茵草地，身旁一棵高大的白樺樹為你遮蔭，你才突然想起，我們其實與大自然緊密相連，應該努力跟大自然融為一體。霧氣飄盪在你四周，你彷彿被軟軟的雲朵包裹著。錢幣王牌帶來了世俗物質成就的新希望。它在對你說，現在請打好根基，計畫很快就會如你所渴望的模樣，顯化成真。

結合樺樹、裸麥、苦精、苦艾酒還有八角的土元素紮實力量，就用這杯調酒當作一個儀式，跟你一起迎接這嶄新的開始。將材料倒入調酒杯，順時鐘和逆時鐘方向各攪拌十二次。數字12代表創造力，能夠將實體物質往上提升到精神層面，反過來也成立。用苦艾酒在古典杯上做出噴霧，讓它進一步喚醒你的感官，讓你有更腳踏實地的感覺，接下來，舉起酒杯，讓它接觸你的嘴唇，實際滿足你的世俗欲望。找幾個好朋友一起來喝這杯酒，會讓儀式效果更強大！

杯型　　　古典杯

錢幣王牌酒譜

2 oz. 裸麥威士忌
（Straight Rye）

1/2 oz. 樺樹糖漿
（Birch Simple Syrup，自製配方如下）

5 抖振裴喬氏芳香苦精
（Peychaud Bitters）

2 抖振安格式原味苦精
（Angostura Bitters）

1/4 oz. 聖喬治苦艾酒 [艾碧斯]
（St. George absinthe，裝在噴霧瓶）

1 顆八角，裝飾用
（star anise）

✦

將裸麥威士忌、樺樹糖漿和苦精加到盛有冰塊的大調酒杯中，順時鐘和逆時鐘方向各攪拌十二次。用苦艾酒（艾碧斯）在古典杯上做出噴霧。端上雞尾酒（不加冰塊），然後用一顆八角做裝飾。

樺樹糖漿

將 1 杯樺樹皮、1 杯糖和 1 杯水放入平底鍋煮沸。待糖全部溶解後，將煮好的糖漿倒入細孔濾網，濾掉樺樹皮。也可添加冬青葉、茴香和杜松子來豐富這杯酒的層次口感。

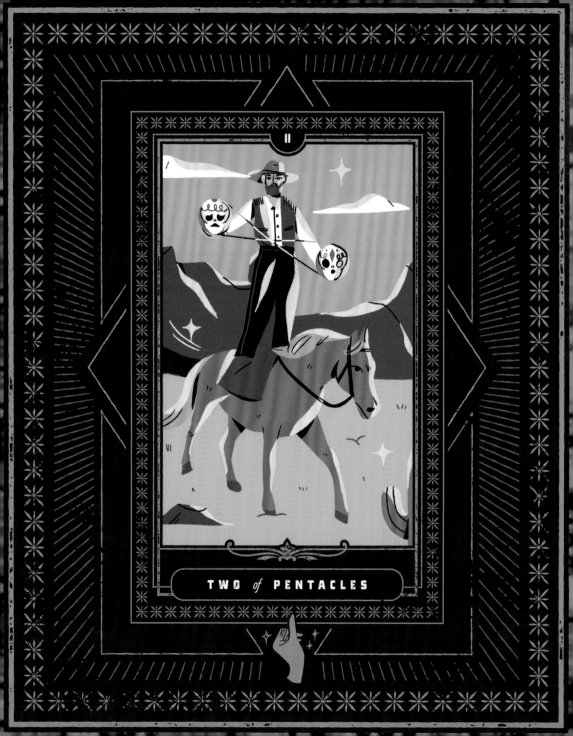

TWO of PENTACLES

錢幣二

基本牌義

錢幣二讓我們看到，我們每天都在為生活奮鬥打拚，努力在其中找到平衡。它提醒我們，要在日常事務當中保持彈性和靈活度，手上不要一次同時做太多事情，而要一項接一項慢慢來，將它們確實做好。錢幣二的出現也代表你需要做出選擇，但由於某種原因，你沒辦法想得很清楚，但其實你已經很努力了。你覺得自己像在走鋼絲，卻始終找不到平衡點。別對自己那麼苛刻。其實你已經很努力要讓自己保持清醒，也非常盡責地把責任擔下來了。

龍舌蘭酒義

在每天生活當中，你都得扮演各種不同角色。你是有全職工作的父母親。你是孩子的主要照顧者。偶爾你還是會想要出去放鬆一下，雖然這件事已經變得愈來愈困難了。管理財務收入、堅持按照預算來花錢、支付各種帳單，讓你忙到暈頭轉向。你朋友都覺得不可思議，你居然有辦法自己把帳務管理得這麼好；不過，你總覺得自己不可能一直這樣戰戰兢兢走在平衡木上。你是不是對自己太苛刻了？無論你做什麼，都千萬不要在數學計算式裡面亂加龍舌蘭哦！

逆位 基本牌義

錢幣二逆位的能量，帶有一種不穩定感。這張牌的出現是要告訴你，請好好審視自己的內心，然後找出是什麼原因導致你出現這種感覺，這樣你才有修復的機會。是不是因為選項太多讓你無所適從？是不是因為你答應了別人太多事情？也可能你之前一直太過衝動、欠思考，現在需要把速度稍微放慢下來。占卜中出現這張牌，表示你之前有些東西放錯位置了、失衡了，現在需要重新幫他們找到和諧與平衡點，也讓自己的內心恢復平靜。

逆位 龍舌蘭酒義

如果你像無頭蒼蠅一樣慌忙亂撞，你就沒辦法按照自己想要的方式過生活。你知道自己已經失去平衡，把太多時間花在工作上，導致家庭生活全被忽略了。你的配偶和孩子一直抱怨每天都看不到你。真的，你確實感到很內疚。但又有什麼辦法呢？你工作根本做不完啊，原本左右平衡的天平，現在完全倒向一邊了。你知道你需要放慢腳步，但如果沒有你，公司可能就要瓦解了。至少你認為這件事發生的機率很大。欸，何不休息一下，幫自己倒杯長陳年龍舌蘭，讓它來安撫一下你那緊繃的神經吧！

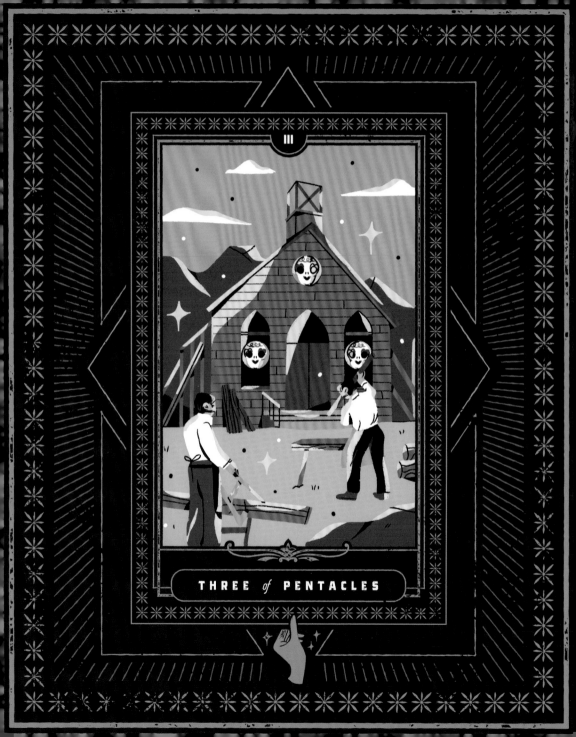

THREE *of* PENTACLES

錢幣三

基本牌義

錢幣三是代表團隊工作與協力合作的牌。如果你打算跟朋友、家人或生意夥伴開展一項共同工作計畫，那一定會非常成功。可以聚集很多人一起共事、相互合作達到一加一大於二的加乘效果，而且每個人都能尊重彼此的意見，各自貢獻自己的才能和資源，來促成完滿的合作關係，實在是一件非常美好的事呀！

龍舌蘭酒義

要成為三人樂團的成員，可不是件簡單的事哦！因為你根本沒地方躲。不會有第二把吉他，也不會有第二組鍵盤來罩你。只有你跟你的兩個朋友，竭盡所能發揮你們的獨特創造力，盡情展現你們的才華。你很幸運能與志同道合的人一起工作，而且彼此相處融洽。能夠放膽展現所有創意，完全不受拘束和限制——這正是團隊工作真正讓人興奮的地方！

逆位 基本牌義

錢幣三逆位，應該是很多人的經驗。每個人都不可能是完美的，團隊成員也未必成熟到能到相互尊重，因此難免陷入爭執局面。無論是因為彼此競爭比較、自私還是自負心態，逆位的錢幣三都是代表你現在寧願一個人單打獨鬥，不想跟人合作。在某些特定情境下，這張錢幣三逆位也可以代表一項技藝尚未達到可被接受的標準。你是不是在沒有接受適當訓練，也沒有足夠資源的情況下，匆匆忙忙趕著把一件事情做完？你是不是只想趕快把事情解決，好早點拿到工錢，完全不管品質有多糟糕？

逆位 龍舌蘭酒義

你所在的這個鎮上碰巧有三家酒吧，彼此似乎競爭非常激烈，完全沒有顧到鎮上居民的需求，沒能彼此相互搭配合作。每一家酒吧都很多人光顧，也都有樂團在那裡演奏。但每一家似乎都是以單打獨鬥的方式各自做宣傳，老闆之間的角力鬥爭很容易就被各家員工摸得一清二楚，甚至連客人也都知道。與其單獨行動，何不想想，如何結合集體的力量，齊心協力為社區做一些事。就算你們是同業，也不代表彼此要相互威脅。

神祕魔法配對

無論你是樂團的音樂創作者，還是在大學課堂上要進行
小組報告，當你期待有好的表現成果，錢幣三一定是你
最想要看到的一張牌。因為這張牌就是代表團隊合作與
精良的手工技藝。

如果你想要做一下額外加持，來確保你的團隊確實達到
工作成果，或是讓你僱用的木匠能把事情做到完美，那
麼不妨在工作開張的前一天晚上，把這張酒譜拿出來捶
打一番（可別真的把鐵鎚拿出來敲耶）。工作開張或是交
出工作成果的前一晚，做一下這個簡單的加持儀式。

先把調好的雞尾酒擺在工作檯或是特別設置的桌子上。
在這杯魔法藥水左右兩邊各點一根綠色蠟燭。在酒杯四
周圍擺幾顆玉石和月光石，然後在你面前放三枚錢幣。
閉上眼睛，觀想工作完成之後的完美結果，看到影像清
晰出現，就可將蠟燭吹熄。如果你本身就是工作團隊的
一員，不妨邀請你的工作夥伴一起來做這個加持儀式；
但是別忘了，要準備足夠的波本威士忌才夠喝哦！

杯型　　　　　　　雙份大古典杯

錢幣王牌酒譜

3 ½ oz. 無花果浸泡四玫瑰波本威士忌
（Fig-infused Four Roses bourbon，自製配方如下）

4 抖振安格式原味苦精
（Angostura Bitters）

½ oz. 蜂蜜糖漿
（Honey Simple Syrup，作法參見59頁）

柳橙皮，裝飾用
（orange peel，亦可用火烤過；參見第25頁）

1 顆無花果乾，裝飾用
（dried fig）

✦

將波本威士忌、苦精和蜂蜜糖加入調酒杯中，順時鐘與逆時鐘方向各攪拌十二次，直到玻璃杯外側出現冷凝現象。將酒液濾入盛有大立方冰塊的大古典杯，最後用一大片柳橙皮和無花果乾做裝飾。

無花果浸泡四玫瑰波本威士忌

玻璃罐裡放 6 顆無花果乾，然後倒入四玫瑰波本威士忌，把罐子加到滿。放在架子上，在室溫下靜置一個禮拜。浸泡的時間愈長，浸漬酒液的味道會愈濃。

小阿爾克那

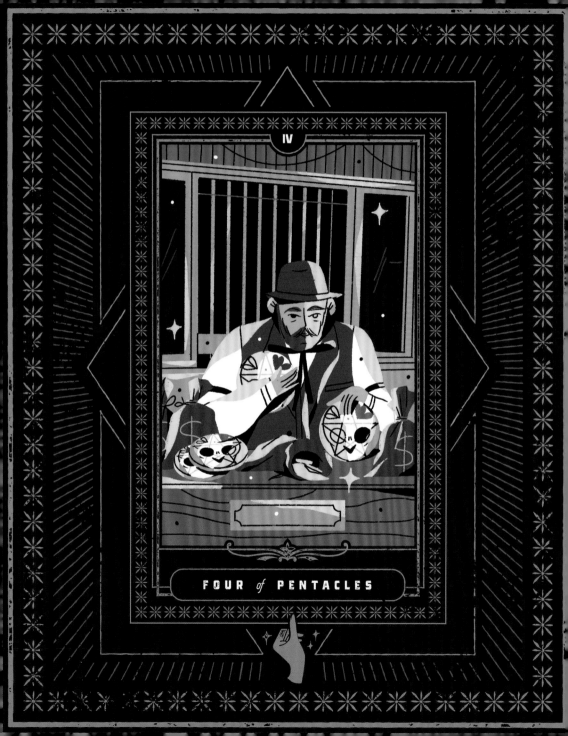

FOUR of PENTACLES

錢幣四

基本牌義

錢幣四說，現在你已經累積到一筆可觀的積蓄，財務狀況穩定，你的人生已經來到一個新階段。你現在有能力幫助需要幫助的人，請大方一點。你可能擔心自己的存款還不夠多，所以不太敢把錢花在那些可以讓自己開心的事情上。這張牌帶有一種執著和占有慾的能量，可能會讓你變得保守、只想待在家裡不敢走出去——也許你在金錢上管得太緊，或是在消費上過於保守，以致讓自己沒辦法開開心心出去玩。

龍舌蘭酒義

你剛剛花了好幾萬元買了這瓶白金等級、非常稀有、千載難逢的龍舌蘭。那是你夢寐以求的好物，所以只有在月蝕這樣稀罕的日子你才把它秀出來。你的朋友總是喜歡拿這件事來開玩笑。他們會跪求你讓他們嚐一口，因為他們知道你絕不可能妥協，連一小口都捨不得。你寧願去酒吧，擺一輪 shot 請這群朋友喝，也不願他們一直覬覦你這瓶珍貴的酒。或許，你對物質的東西看得有點太重了。

逆位 基本牌義

逆位錢幣四提醒你，好好審視一下你和金錢的關係，看你是不是把金錢看得太重。你是不是像個守財奴一樣不斷在囤積財富，怕哪一天會錢不夠用？你是不是太過吝嗇和節儉而不敢花錢？既然你現在有能力負擔，何不讓自己多做點善事？也許你該走出自己的舒適圈，多付出一點錢財和愛心，這樣你才能看得更清楚，到底什麼是你最重視的東西。

逆位 龍舌蘭酒義

我們身邊可能都有這樣一位朋友。他們總是很抗拒離開自己原本的舒適田宅。他們並不是手頭沒有錢；其實他們生活過得相當優渥。他們認真告訴自己不要執著太多外物，所以只守著最能讓他們感到快樂的東西：就是他們的財產。他們可能看起來很自私，太重物質，但你知道他們有時也會很慷慨。你一直勸他們，不離開這四堵舒適的牆，一定會錯過人生許多快樂的事情。他們跟其他人都沒什麼來往，感覺跟人距離很遠，因為他們是刻意選擇把較多權力放在他們可以用錢買來的東西上，因此會想要去掌控它。

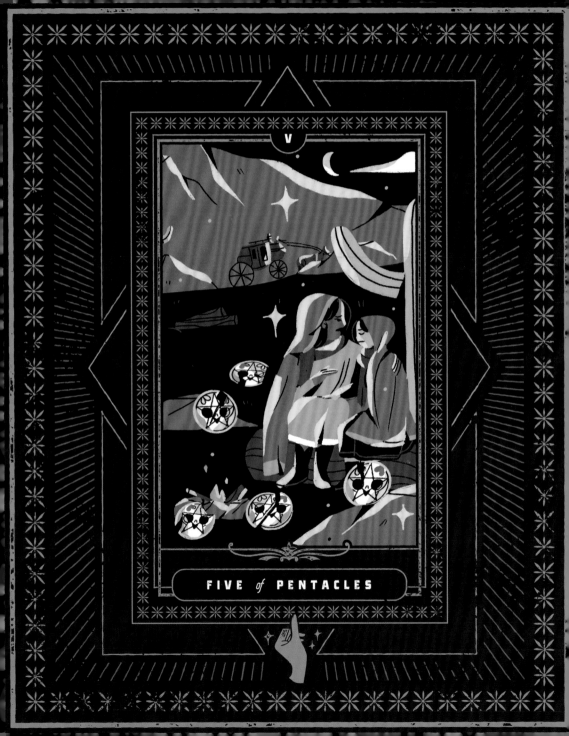

FIVE *of* PENTACLES

錢幣五

基本牌義

占卜中出現錢幣五，表示你可能要做好心理準備，接下來這段日子會過得比較辛苦哦！通常這張牌指的是財務上陷入困境，但有時也可以代表人際關係和健康方面出問題。錢幣五的能量帶有一種被遺棄的感覺，就像你從教堂裡被趕出來一樣。一旦你能擺脫自怨自艾的情緒感受，你就能把它當作一項功課，讓自己在精神上得到力量和成長。

逆位 基本牌義

逆位的錢幣五，其實比正位的錢幣五能量還要好。逆位錢幣五是代表你的財務狀況將逐漸改善，還有，如果過去在金錢上有什麼損失，現在都可以補回來了。無論是哪一種情況，這張牌的出現都表示你已經度過那段最糟糕、最悲慘的日子了，感謝老天爺，未來終於露出一絲曙光。最重要的是，不要再老是覺得自己很窮，是個沒有價值的廢物，因為那樣的日子已經過去了。你現在可以集中心力，帶著積極正向的態度往前大步邁進了。

龍舌蘭酒義

這段日子你顯然遇到困難了。一個又一個障礙接連不斷，而你以為可以靠喝酒來解決所有問題，結果發現這樣只會製造出一堆新的問題。現在你有兩條路可以選：一條是開始好好面對工作上的問題，接受別人對你伸出的援手；另一條路是，你繼續把自己關在家裡，像被眾人拋棄的孤兒一樣自怨自艾。其實你擁有的選擇，比你知道的還要多。

逆位 龍舌蘭酒義

療癒復元有很多方式。你可以選擇靈性開悟啟蒙的道路，也可以選擇走傳統宗教信仰的路線。就在你把自己喝成一團爛泥時，你終於看到隧道盡頭的光。你終於可以回到健康正常的生活，並遵循黃金法則來過日子。由於你重新認識自己的價值，你的生命也重新得到勇氣和力量。你不會讓這股前進的動力受到阻礙。你現在好不容易得到長久以來渴望的內在平靜，你不可能再把它扔掉了。

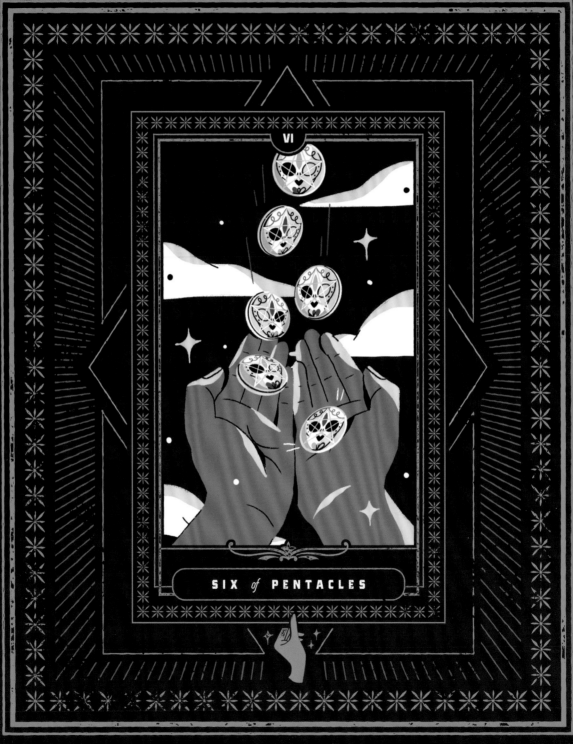

錢幣六

基本牌義

錢幣六是一張代表慈悲善行的牌，它在告訴你，在別人需要幫助的時候，請出手幫他們一把。任何美好的關係都一定是雙方共同促成的，一方自自然然付出，一方自自然然接受，沒有其他多餘的動機。占卜中出現這張牌，它可能是在告訴你，要以慈善之心，對人慷慨解囊。就像你會感謝別人曾經幫忙你一樣，你也可以這樣做來回報這份人情。任何一種型態的人際關係，包括愛情、工作、家庭，都適用這張牌哦！

龍舌蘭酒義

很多小型企業都有接受入股。如果你對他們公司有信心，不妨以實際行動讓他們知道！不一定要大富翁才能做善事；你可以用你自己的方式來幫忙別人。據我所知，現在有很多新創業的龍舌蘭酒商正在尋找投資者。既可讓別人開心，同時又支持本地企業，可說一舉兩得。

逆位 基本牌義

逆位的錢幣六讓我們看到什麼叫作典型的自私自利關係，其中一人不斷付出，另一個人則是不斷勒索。這張牌也代表某人缺乏慈善之心，不肯幫助有需要的人。也可以從另一個角度想想，你是不是沒辦法接受別人的幫忙、不想要別人來幫助你。慈悲善行不該有附帶條件，任何健康的關係也一樣。逆位錢幣六提醒我們，試著檢視一下我們跟身邊人的關係。你們雙方能夠平等相待嗎？還是，你發現自己是不平衡關係裡的那個犧牲者？

逆位 龍舌蘭酒義

你發現，跟朋友一起出去喝酒的時候，最能看到他們的真面貌。想一下，誰是大家最信賴的司機？誰是你永遠不能指望他請客付錢的人？誰是那個每次都主動幫大家買單的人？如果大家都能公平相待、有來有往，這樣不是很好嗎？如果你發現自己每次都得幫別人多付錢，那你可能要重新評估一下你的交友狀況哦！沒有人喜歡被吃豆腐占便宜，同樣的，也沒有人喜歡一直單向付出。

錢幣七

基本牌義

錢幣七可以代表你生命中的某個時刻，你剛完成一項工作任務，現在正在回顧這段旅程，評估這一路走來是否值得。何不試著停下腳步，檢視一下你所做的投資？到目前為止，你已經投入大量工作時間和心力，而且做了非常縝密萬全的規畫，可以預期不久之後就能看到成果。占卜中出現這張牌，表示你現在需要耐心等待。

龍舌蘭酒義

她從小就想立志要當老師。讓臥室裡那一群絨毛玩具排排站好，教他們英語和數學，是她童年最美好的回憶。大學文憑已經足夠讓她展開教學工作；但她還在考慮是否要繼續攻讀教育碩士學位。現在，她對學校生活有點厭煩，但她知道，繼續攻讀學位，將來可以更快找到工作，薪水也會比現在高。都已經走了這麼遠的路，現在，她在等待一個徵兆，來告訴她接下來該怎麼做比較好。也許該花個一年時間當代課老師，順便想清楚下一步該怎麼走。無論最後是選擇哪一條路，過去所投注的努力都會得到回報。

逆位 基本牌義

錢幣七逆位，代表你對於自己花了那麼多心力在某件事情上感到有點心灰意冷，很可能會選擇中途放棄。可能是你對自己的工作失去信心，或是發現你所投注的時間精力跟得到的結果不成比例。也許你需要重新構想你的點子，然後從頭再來一遍。占卜中出現這張牌，代表你需要老實問自己一些問題：為這件事情花這麼多心力值得嗎？我現在做的事情對整體利益真的有幫助嗎？我該把更多的時間投注在我不確定的事情上嗎？

逆位 龍舌蘭酒義

考上大學是生命中令人興奮的一刻。它也代表你的人生將因這個新的篇章而承擔起更多責任，所以你絕不能讓這場慶祝趴變調失控。大一新生活才剛過一半，你就因為父母親的批評與不認同而決定輟學。沒錯，過去那段時間都算浪費了，父母花的錢也有去無回，不過，還是現在趕快設下停損點比較好，否則下半年情況會更糟。有的時候，你必須先認賠殺出，再來重新思考下一步。

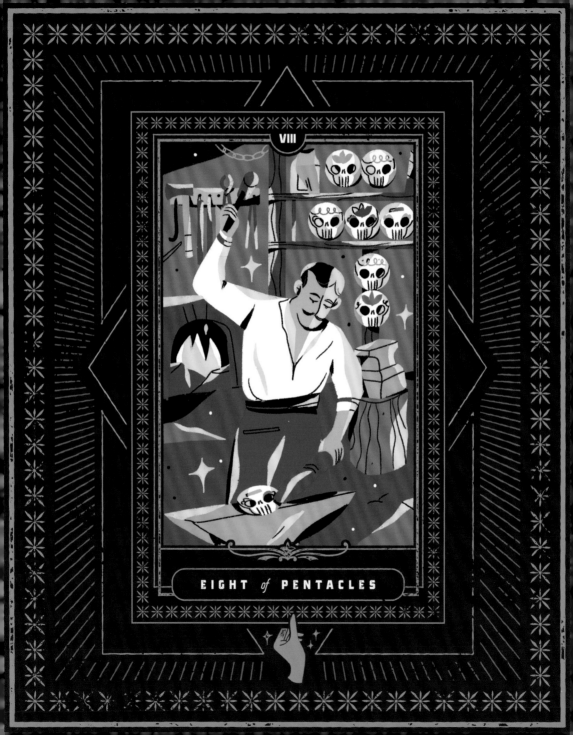

VIII

EIGHT *of* PENTACLES

✳✳✳✳✳✳✳✳✳✳✳✳✳✳✳✳✳✳✳✳✳✳✳✳✳✳✳✳✳✳✳✳✳

基本牌義

占卜中出現錢幣八這張牌，通常代表你正努力鑽研於自己熱愛的領域，致力成為該領域的大師。你不走捷徑。你認份埋頭苦幹，腳踏實地認真做好這份工作。這張牌就是在說，一個人選擇跳進泥巴裡把自己弄髒，凡事親力親為，不投機取巧。身邊的人都看到你的高度專注力，知道你是如何認真在對待這份工作，而且你會竭盡一切心力來磨練自己的技藝，以最大的熱情往更高層次精益求精。你很清楚這就是你這輩子接下來唯一想做的事，而且你會在這個領域獲得非凡成就，這種感覺真是太棒了！

逆位 基本牌義

正位錢幣八講的是追求工藝技術的精進和精通，而逆位錢幣八談的則是導致工藝技術低落的種種原因。可能因為你很懶散，或是這項工作根本不適合你。不管原因是什麼，它都會顯露在你的作品當中。你可能需要加強自律精神，而且要知道，要學會一門生意和精通一項技藝，需要花費很多時間。因為很可惜我們不是天生就懂得那些知識。

龍舌蘭酒義

你會參加暑期調酒課程，主要是因為你的朋友也報名了。你認為以你的個性和樂觀特質，應該很適合調酒師這份工作。你很驚訝發現，要成為一名優秀的調酒師其實沒那麼困難，你甚至覺得游刃有餘。也許你是那種只要投入某一件事，就一定要做到非常專精的人。你的朋友把這件事當成隨便玩玩，你卻慎重其事，全心投入其中。大家都看得到，你是卯足了勁，決心要拿到全班最高分，而且會以此為收入來源，謀得一份讓你有成就感又樂在其中的工作。

逆位 龍舌蘭酒義

為什麼那位調酒師每次調出來的瑪格麗特都不一樣啊？大概是累了吧！你決定給他最後一次機會。結果是，唉，根本讓人嚥不下去。你承認，你眼光並沒有很準，不是很會看人，但你一眼就能看出，那傢伙現在根本不想當調酒師啊！他只是勉強以此餬口，根本不喜歡現在的工作。或許他該對自己誠實一點，去找份自己真正喜歡的職業，把機會讓給真心喜歡調酒工作的人。

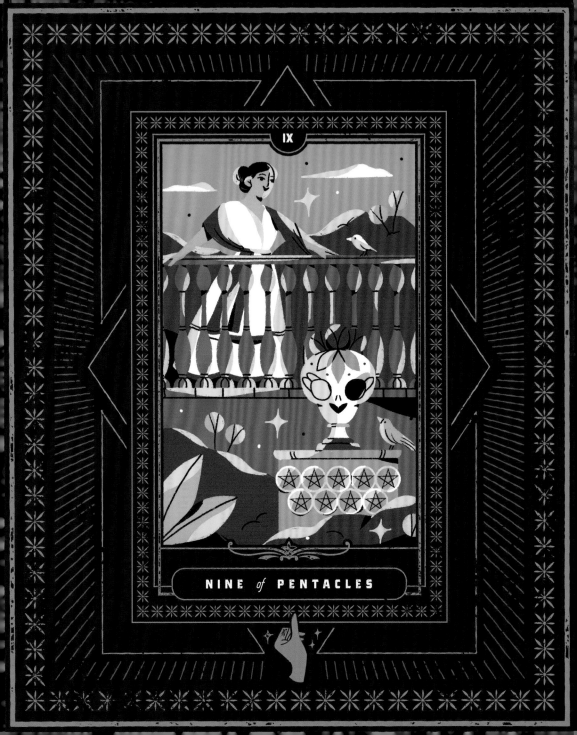

錢幣九

基本牌義

錢幣九也是大家最喜歡在占卜中看到的牌之一。這張牌的出現，代表你的生活不管是在精神或物質層面，都已經達到水準之上，現在可以輕鬆享受美好成果。牌面圖案中的這位女士，看起來堅強獨立，而且能夠自力更生。她內心很平靜，不需要靠別人來帶給她快樂；但是，她也願意接受能夠彼此真心相待的人，跟他們建立一種真正不分彼此的緊密關係。錢幣九是一張描繪富足生活帶來的滿足與喜樂的牌。

龍舌蘭酒義

有些人對那種很強勢又有成就的男人或女人總是帶有一種畏懼感。我指的是那種不需要別人請他們喝酒吃晚餐的人。這些人有能力用自己辛苦工作多年存下的錢，幫自己買一瓶高檔龍舌蘭。他們對自己的經濟獨立與奢華生活感到自豪。很可能他們在一家業績銷售冠軍的龍舌蘭酒商上市之前，就已經投資入股，因此賺了一大筆錢——這全是因為他們夠聰明，有辦法早早就看出這家公司的潛力。

逆位 基本牌義

錢幣九逆位是指一種人過度拜金，而且總是喜歡誇大炫耀自己，實際上卻名不符實。還有一種人，他們雖然物質生活非常富裕，但是內心卻非常孤獨，這張逆位牌有時也在談這種情況。占卜中出現錢幣九逆位，也可能是在提醒我們，要去檢視我們跟工作的關係。很可能你是一個工作狂，給自己很多壓力，因為你擔心自己如果擁有的不夠多，就沒辦法得到真正的快樂。

逆位 龍舌蘭酒義

有些人可能不知道，因為他們物慾過重、太過拜金，而讓自己在很多場合失利。他們是不是一點自覺都沒有？別人其實看得很清楚，那些誇張矯飾的行為根本一點都沒必要。我想，這大概就是為什麼很多人不想跟那些過度妝點自己外表的人約會或喝酒的原因吧！因為那些人應該是比較喜歡跟自己約會吧？與其如此關心自己外表、不斷告訴別人你花了多少錢在扮扮上，倒不如卸下這一切面具，做真實的自己就好，看看會發生什麼事。

神祕魔法配對

雖然錢幣九的主要牌義是指擁有財富和成就，但是喝這杯酒的時機，卻是在你完全沒有這種感覺的時候最適合。這款雞尾酒只用最上等的材料，因為你值得擁有這些好東西。

找一個新月的日子，在月光下進行這個儀式。準備四根不同顏色的蠟燭（黃色、橙色、綠色和金色效果最好），然後在一張紙上寫下跟你現在的心情相共鳴的正向肯定語，能想到的都列出來。點燃蠟燭，大聲將這些肯定語唸出來，這樣宇宙才能聽到你的聲音。完成後，把這張紙拿起來，一一接觸這四根蠟燭的火焰。將這些充滿力量的話語化成煙霧進入天際，讓所有守護你的天使都聽到。

當最後一縷煙霧消失於夜空之際，舉起酒杯，對著天空說謝謝。感謝所有人聽到你的聲音，也感謝你自己允許這種變化發生。

杯型 可林杯

錢幣九酒譜

$^1/_2$ 顆萊姆
（lime，切成四塊）

1 $^1/_2$ oz. 克斯阿蘇爾短陳年龍舌蘭
（Clase Azul Reposado Tequila）

$^1/_2$ oz. 紫羅蘭香甜酒
（Crème Yvette）

$^1/_2$ oz. 龍舌蘭糖漿或原味糖漿
（agave or simple syrup，作法參見47頁）

8 片新鮮薄荷葉，拍打後撕成碎片
外加一小枝裝飾用的薄荷枝
（fresh mint leaves）

2 oz. 蘇打水，另外準備一些搗拌用
（club soda）

✦

把萊姆放入雪克杯裡，加少許蘇打水，用搗棒將萊姆搗
碎。在雪克杯中加入冰塊，還有龍舌蘭酒、紫羅蘭香甜
酒、龍舌蘭糖漿（或原味糖漿）以及薄荷葉，充分搖盪
均勻。濾掉冰塊，倒入可林杯。最後倒入蘇打水，然後
用拍打過的薄荷枝做裝飾（先用手掌拍打過可將薄荷香
氣釋放出來）。

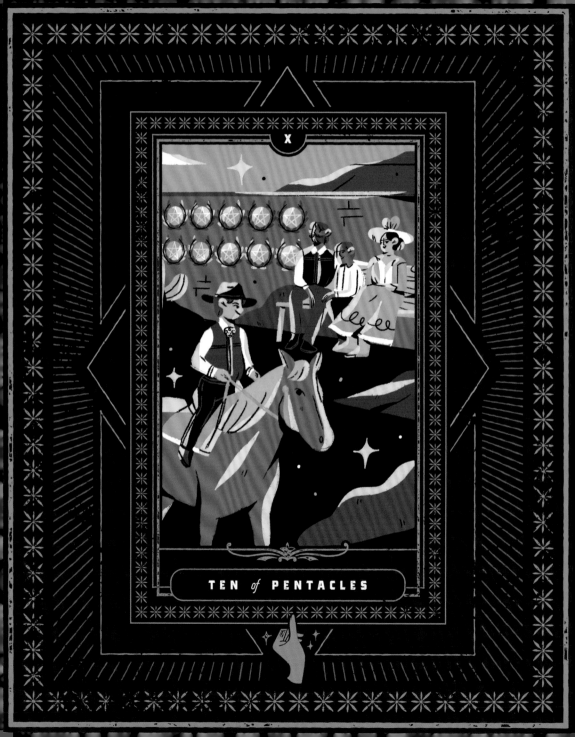

TEN *of* PENTACLES

錢幣十

基本牌義

錢幣十是一張代表在物質層面和精神層面同時都取得成就的牌。占卜中出現這張牌，通常主要跟家庭和財務狀況有關，代表生活富裕和安穩。你慷慨大方且事業有成，對家庭盡心盡力無私奉獻，家人在你生命中占了非常重要的地位，特別是在考慮遺產分配時。你心裡總是掛念著，在你離開人世之後，希望你的孩子和兒孫輩還能得到很好的照顧。錢幣十也可以代表你有足夠的經濟財力，為慈善機構和社區做出奉獻。

逆位 基本牌義

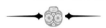

逆位錢幣十是一張代表財務出問題、運氣不佳的牌。你是不是背負了重大的財務風險，現在感到憂心忡忡？這張牌要提醒你，請好好反省一下，你在財務上是不是做了什麼糟糕的決定？與其把自己的不幸怪到宇宙身上，倒不如想想自己該負的責任。錢幣十逆位也可能代表你跟金錢的關係不太健康。你賺的錢足夠養活你自己嗎？

龍舌蘭酒義

有一家餐廳因為生意很好，賺了很多錢，他們現在把精力都投入到回饋社區，以回報和感謝這一路以來支持他們的人。這不僅是一家成就非凡的餐廳，也是家族企業，兒孫輩也非常積極進取，同時經營好幾家餐廳。整個家族一起工作，朝共同目標邁進，可說是錢幣十這張牌的最佳詮釋。

逆位 龍舌蘭酒義

其實你對他們始終無法完全信賴，所以，當你發現你的員工過去六個月來一直在偷你的東西，老實說你並不意外。但你還是很難接受這個事實。員工中有不老實的傢伙，也是常有的事。但這確實會影響你對其他員工的信任感，你心裡也會擔憂，怕這種情況再次發生。

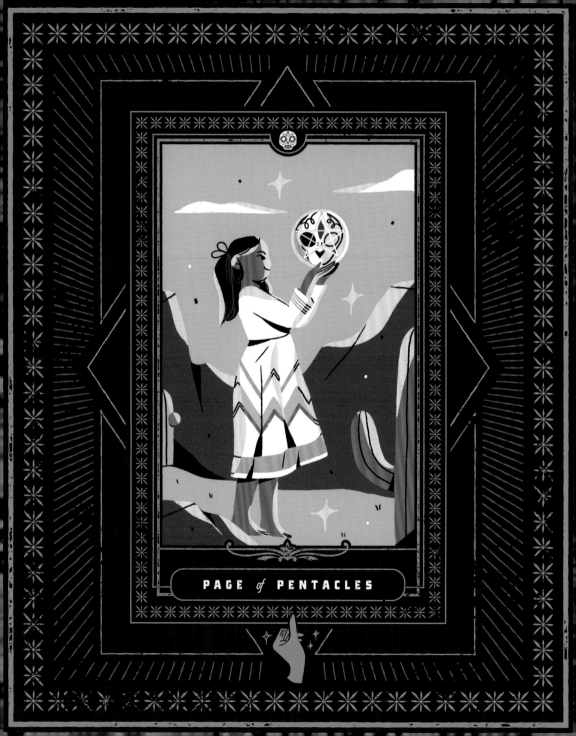

PAGE of PENTACLES

錢幣侍者

基本牌義

土元素正向務實的能量正在流動！跟其他侍者牌一樣，這張牌也帶來了一份訊息；不過，這位務實的錢幣侍者談的是財務、健康和家庭方面的事情。你可以期待在工作上會有好消息！你的老闆已經注意到你工作非常賣力而且值得信賴。甚至可能有加薪或升官的機會哦！

逆位 基本牌義

如果是逆位，那這位侍者帶來的往往是跟工作和財務有關的壞消息。可能是工作進度受到拖延，你倚重的人沒有如期把工作完成。或是你發現自己的計畫沒辦法如期實現，你搞不清楚自己為什麼這麼會拖延。

龍舌蘭酒義

每個人都有一位這樣值得信靠的朋友，他們完全不介意大家指定他當司機。你也曾問過他們要不要喝一杯，但他們其實不太喜歡派對的氛圍。他們喜歡照顧朋友，安於擔任照顧者的角色。錢幣侍者也可以代表一家有趣的大學城酒吧，學生喜歡聚在那裡放鬆心情和發洩情緒。這張牌的出現也可能代表你即將收到一份生意上或工作活動的邀約。

逆位 龍舌蘭酒義

你一直遲遲沒回覆一份邀約，也許是你對這個邀約根本完全沒興趣。你發現自己正在找藉口推辭。有個朋友好像身體不太舒服耶，你今晚可能得過去照顧他，因為他一時衝動尻了太多 shot。

神祕魔法配對

在品嚐這杯酒的濃郁風味之前，請先好好認識一下這款調酒的現世之美。想想，這張完美的酒譜是如何誕生的。最初是一個概念，它在你的想像國度裡生根，然後你將它培育為真實之物，其他人因此而能具體經驗到你的創作和努力。一路上可能會遇到不少陷阱，但跌跌撞撞乃是兵家常事，那也是學習的一部分過程；只是要小心，不要變成一直在喝酒就好。

當你渴望獲得更大的世俗成就，請為自己調製這杯雞尾酒。如果你正在尋找一份能為你帶來經濟安穩保障的好工作，請讓這位錢幣侍者來當你的信差。選一個滿月的日子，坐在戶外品嚐這杯酒，因為滿月會讓人聯想起美麗的圓形錢幣。一隻手拿著一枚錢幣和一顆虎眼石，抬頭對著月亮說：「我已經準備好要接受財運了」、「我準備好接受好消息了」，每喝一口就說一句。你也可以將這枚錢幣和虎眼石隨身放在衣服口袋裡，如果覺得有需要的話。

杯型　　　　　　　　可林杯

錢幣侍者酒譜

1 $1/2$ oz. 短陳年龍舌蘭
（Reposado Tequila）

1 oz. 現榨萊姆汁
（fresh lime juice）

$1/2$ oz. 生薑龍舌蘭糖漿
（ginger agave syrup，自製配方如下）

1 oz. 甜菜汁
（beet juice）

✦

可林杯裝滿冰塊。倒入龍舌蘭酒、萊姆汁和生薑龍舌蘭
糖漿，攪拌均勻。將攪拌匙倒插在玻璃杯中，用很慢的
速度將甜菜汁倒在攪拌匙上，讓它順著滑入杯中，做出
漸層。

生薑龍舌蘭糖漿

在小平底鍋中倒入 1 杯龍舌蘭、1 杯水和切碎的生薑。煮滾後轉
成小火，繼續熬煮一個小時左右。放涼靜置一個晚上，冷藏在冰
箱約可保存兩個禮拜。

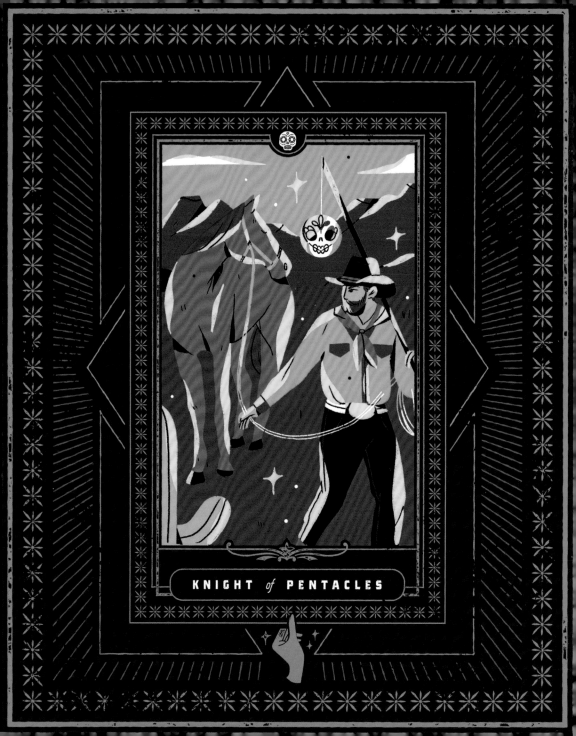

KNIGHT *of* PENTACLES

錢幣騎士

基本牌義

錢幣騎士這張牌，如果是代表一個人，那就是指一位很努力把工作做好的年輕男性或女性。他們個性保守而且可靠，他們工作時講求方法而且條理分明，因此工作非常有效率。如果這張牌是代表你內在的某個性格面，這可能表示你現在該要振奮起來，認真努力把工作完成了。要做到這一點，通常就是靠規律的作息和決心。錢幣騎士可能不是一個太亮眼的人，但他們還是會讓人印象深刻，因為就是那麼討人喜歡而且做事條理分明。每一個人都可以善用身邊這類性格的人，因為他們會讓工作照你的期待順利完成。

逆位 基本牌義

很不幸，逆位的錢幣騎士擁有粗心和懶惰等這些特質。這張逆位騎士牌出現，也可能代表有阻礙擋住你的去路，讓你沒辦法按照預定計畫順利往前走。跟這張牌有關的特徵還包括：冷漠、懶散，甚至是欺騙。你可能已經對你現在的工作感到厭倦，不想再花那麼多心思在這些乏味的工作上。最後你可能會因為缺乏熱情而被識破。

龍舌蘭酒義

大口暢飲龍舌蘭，絕對沒問題的啦！現在它在全世界愈來愈受歡迎，因為品質愈來愈好，口感也更佳柔滑順口了。不過，現在喝酒要承擔的責任也比過去更高。錢幣騎士就是要提醒你，喝酒要注意安全，也要有所節制哦！你絕對無法想像錢幣騎士會在喝茫的情況下開車回家，那是不可能的事。他們會打電話給優步。

逆位 龍舌蘭酒義

那家地下酒吧根本沒做宣傳，也沒做任何廣告，卻抱怨自己生意不好——這就是對這張錢幣騎士逆位牌的詮釋。單靠口耳相傳是行不通的。人在陷入困難的時候，很容易只顧抱怨而不思改善。是不是有什麼工作上的難題或人事問題在阻礙你成功？很可能業主根本就不在乎這家酒吧的生意是不是能變好。雖然調酒師和其他員工也都沒有得到自己想要的收入，但他們質疑業主／經理為什麼不志氣大一點。

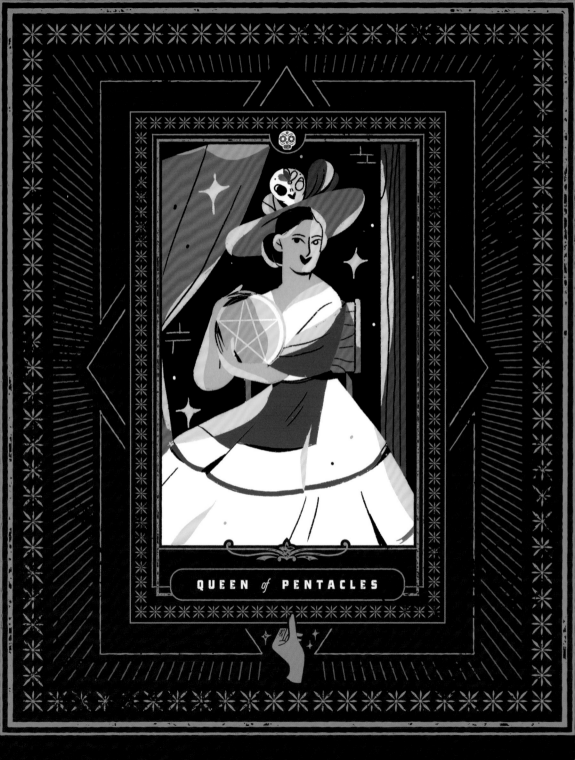

QUEEN *of* PENTACLES

錢幣王后

基本牌義

錢幣王后幾乎就是土象星座母親的化身，擁有一位務實的母親該具備的所有特質。如果你身邊有這樣的人：非常顧家，為人父母而且有工作，非常在意家庭生活和經濟上的安全感，那他們就是標準的錢幣王后。他們每天晚上都會固定時間把熱騰騰的飯菜端上餐桌，因為他們知道這樣會讓家人感覺更好。如果這張牌出現在占卜中，但不是代表某個人，那就是在呼喚你感性和慷慨的一面，幫助那些愛你和需要你的人。

逆位 基本牌義

當你的家庭生活整個翻天覆地變得一團糟，你可能正在經歷錢幣王后的逆位能量。過度保護和令人窒息的母親或父親、工作太繁重，還無法在家庭和工作之間找到平衡的父母親，都可能是逆位的錢幣王后。如果這張牌是代表你內在性格的一個面向，那可能是在說你有點過於重視物質以及只關心自己的利益。試著重新學習擁抱一位有愛心又負責任的父母親和配偶的特質，無需對彼此的關係想太多，也不需要在對方身上加諸太多期望。

龍舌蘭酒義

你是否曾經在餐廳裡被一個人接待，讓你像是回到自己家的感覺？女服務生親切地稱你為「親愛的」，不是用居高臨下的方式，而是充滿感情。她非常務實，懂得客人的需要，磁場讓人很舒服；那座壁爐也充滿巧思。它讓你感覺心裡很溫暖而且放心，而她讓你感覺非常輕鬆。直覺告訴你，她一定是一位母親，她怎麼可能不是呢？

逆位 龍舌蘭酒義

你的朋友一直都是一位過度保護的母親，當她的孩子開始喝酒跑趴，她就不知道如何處理了。她認為最好的作法是不要相信小孩，也許她反應過度了。她開始禁止小孩晚上出門，找藉口把他們關在家裡。她利用恐懼和罪惡感來讓孩子永遠乖乖聽話，不要惹麻煩。

神祕魔法配對

在日復一日的繁忙工作中,我們很容易失去方向。當我們想要重新感受幸福家園的那種踏實,或是需要好好滋養一下自己時,不妨考慮這款雞尾酒。

你要做的第一件事是預備兩個空間。一個是乾淨的調酒空間,一個是舒服的飲酒空間。接下來,關掉所有電燈,讓自己置身於香氛蠟燭的柔和光線中,氣味不要太強烈,適度就好,讓你的嗅覺、視覺都能得到舒緩。打開柔和的冥想音樂,有助於營造完美的魔法氛圍,然後開始調製雞尾酒。

完成之後,走到那個舒服的飲酒空間,可以沿路灑一、兩滴酒,同時說出跟你的身體、房子或是家庭需求有關的正向肯定語。坐下來,身邊放一些抱枕和蠟燭,然後靜靜品嚐這杯雞尾酒。

杯型　　　可林杯

錢幣王后酒譜

半顆萊姆
（lime，切成小瓣）

1 oz. 荔枝果泥
（lychee puree）

1 $\frac{1}{2}$ oz. Papa's Pilar 蘭姆酒
（Papa's Pilar Rum）

1 滴 玫瑰水
（rose water）

6 片新鮮綠薄荷葉，外加 1 片裝飾用
（fresh spearmint leaves）

蘇打水，做頂部漸層用
（Club soda）

✦

先不要加冰塊，將萊姆和荔枝果泥放在雪克杯中一起搗
碎。加入蘭姆酒、玫瑰水、新鮮的綠薄荷葉和冰塊，左
搖、右搖、上下左右搖一搖！濾掉冰塊，倒入可林杯，
上層加滿蘇打水。最後用拍打過的綠薄荷葉做裝飾，拍
打的動作可讓葉片釋放出香氣。

小阿爾克那

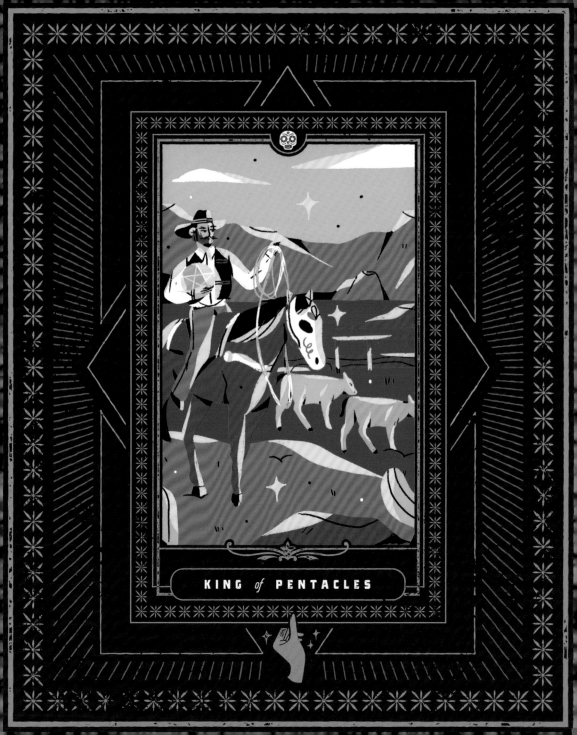

KING *of* PENTACLES

錢幣國王

基本牌義

占卜中出現錢幣國王，很容易就會讓人聯想到一位像父親或老闆這樣的人，他能在經濟上幫助你、真心為你著想。他可能是一位關心你和你家人的理財規畫師。錢幣國王也可以代表透過個人成長和達成人生目標來讓自己安心和有安全感。在塔羅占卜中，這張牌是一個好兆頭，通常代表物質上的豐盛和精神上的富有。

逆位 基本牌義

與穩重自信的錢幣國王相反，逆位錢幣國王是一個傲慢、霸道、自私的權威者，對物質財富非常執著。他們太過關注自己的個人地位。逆位的錢幣國王可能不會要求你去反省自己做過的那些糟糕決定或錯誤的金融投資。他可能比較期望你在物質和精神之間找到平衡。你是不是太過偏向其中一邊了？錢幣國王逆位也可以代表你認識的某個人，他喜歡控制你的金錢，喜歡幫你做決定，因為他們認為自己最懂。

龍舌蘭酒義

誰會料想到，投資那家小型龍舌蘭新創公司居然能為你帶來一大筆收入？確實，你的鼻子很靈，嗅得出來什麼是正確的商業決策；但是你以前從未嘗試過這類事情。你一直都是講求務實、安全和謹慎的人，但這次的新嘗試感覺還蠻有趣，完全不像你。你已經學會相信自己的直覺，你所有朋友和家人都來向你討教財務建議，那你還需要懷疑這個投資不會成功嗎？

逆位 龍舌蘭酒義

一大群朋友決定晚上出去吃一頓美味大餐，大家原先的想法是，所有花費由每個人一起平均分擔。真是美好的夜晚，龍舌蘭一杯接一杯川流不停，帳單放在桌子的另一頭，其中一位朋友手腳很快，把帳單全部拿去結了。這樣要怎麼平分？他背後的動機是什麼？真好玩，一個動作就示範了什麼叫作弊大於利。感覺好糟喔，搞得每一個人嘴裡的龍舌蘭都變味了。

致謝

我要感謝每一位從一開始就相信這份書寫計畫的人。特別是我的妻子艾莉森，還有我的孩子威爾和夏洛特，他們從未對我的願景失去信心。艾莉森，非常感謝妳的幫忙與支持。我非常愛妳！

我要感謝我最喜歡的兩位調酒師──雷恩・羅蘭（Ryan Loughran）和林西・泰勒（Lindsey Taylor），感謝他們的神奇魔法調酒術。他們以令人驚嘆的調酒才能，為塔羅牌的精髓賦予鮮活生命。我們一起幫這些神奇紙牌找到了最佳酒檔！

我要感謝我的好朋友凱倫（Karen Kane）、約翰（John Carleo）以及卡拉（Cara Milewski）提供專業知識、建議和協助。我不會忘記我在西蒙與舒斯特出版集團的所有朋友，尤其是安雅・施密特（Anja Schmidt）和派翠克・沙利文（Patrick Sullivan），是你們讓我的夢想得以成真。

生命中有你們，我真的非常幸運！